酷威文化

图书 影视

社交这门课，只能父母教

唐雯 ◎ 著

北方联合出版传媒(集团)股份有限公司
万卷出版有限责任公司

献给我的挚爱富培德，
谢谢你无条件的接纳、信任和支持。

CONTENTS 目 录

前 言　**课表上没有的这门课，奠定孩子人生的基调**　01

第 1 章　社交能力：通往幸福的阶梯

社交的阶段性发展　004
社交技能模型　010

第 2 章　6 个原则帮孩子越来越社牛

分主次：情绪第一，问题第二　017
辨价值：冲突是资产，不是负担　019
判归属：你的问题 vs 我的问题　021
理步骤：事前演练，当场示范，事后反思　023
做练习：好家长就是好演员　025
架桥梁：跨越知道和做到之间的"银河"　028

第 3 章　解码社交情境

社交技能 1：分清我的 / 别人的 / 大家的　036
社交技能 2：分辨社交距离　042
社交技能 3：分享　050
社交技能 4：轮流　058

第 4 章　进行坚定的沟通

社交技能 5：为自己挺身而出　　073
社交技能 6：有善意也要有盔甲　　086
社交技能 7：给话语注入力量　　094
社交技能 8：用好心灵的窗户　　100

第 5 章　建立并维护高质量的友谊

社交技能 9：分辨真假朋友　　109
社交技能 10：敢拒绝也敢被拒绝　　115
社交技能 11：聪明地反击　　129

第 6 章　有效处理冲突

社交技能 12：提高社交免疫力　　147
社交技能 13：冲突解决 4 步骤　　162
社交技能 14：冲突解决 8 方法　　173
社交技能 15：在冲突里学习　　181

第 7 章　预防欺凌

社交技能 16：我能化解欺凌　　193

前言

课表上没有的这门课，奠定孩子人生的基调

2022年底，我在曼谷和两位朋友聊天。

在曼谷定居多年的美国朋友Sam，决定搬去南边的海边小城华欣。他花了几年时间在曼谷打拼，事业稳定，刚刚买房，为什么要搬去各方面资源都差很多的华欣？Sam说因为家里的第一个孩子2020年出生，曼谷的小区没有同龄孩子，周边也没有儿童设施，孩子出生之后难得见到其他孩子，Sam非常担心孩子的社交发展，所以决定举家搬迁。华欣的住处，有已经定居的几位好友，有孩子的同龄玩伴，有丰富的儿童设施，有频繁的社区活动，离海和山都更近。相比孩子早期的社交发展，Sam觉得其他一切都显得没那么重要。

到曼谷出差的互联网连续创业者小孙则向我抱怨，家里的两个宝贝分别在2019年、2021年出生在南京。作为疫情防控时期出生的宝宝，他们出生之后，基本没见过除了家人之外的其他人。2022年能出小区的时候，家人会有意识地带着孩子到户外活动，但两个孩子见到人会把头埋进大人的肩膀，不敢看人。这种情况在家里坚持做了一段时间的玩伴约会①之后，有所好转。但孩子在南京小区的

---

① 玩伴约会（play-date）：父母为了孩子能一起玩而发起的约会。

社交活动范围依然有限，小孙正在考虑举家搬到泰国，住进儿童设施完善的小区，并把孩子送到泰国的国际学校，从社区及学校两方面提高孩子的社交质量。

我想到曾经教过的天才儿童瑞瑞，学习能力过人，在学习的各个方面甩开同龄小朋友几条街。但是他自控能力差、边界感缺失，经常有意无意冒犯其他小朋友。班里没有人愿意和瑞瑞一起玩。在学校，瑞瑞常常一个人用期盼又难过的眼神看着其他小朋友玩耍，想要加入却常常被拒绝。瑞瑞学习成绩优异，却少有同龄人的天真快乐。没有朋友、社交能力滞后，给瑞瑞的童年生活蒙上闷闷不乐的阴影。

回想我的童年，社交从来不是我父母一辈会操心的问题。上小学之前，我在湖南农村由外婆照料，村里有同龄小伙伴和我在田间嬉闹，舅舅姨娘们农忙之余会来逗着我们玩；上小学之后，我和父母生活在新疆的工厂家属区，全厂的员工都生活在这里。每天放学后，家属区的一群小朋友会在尘土飞扬的空地上，玩木头人、攻城、捉迷藏、跳皮筋，直到大人们一声声喊走各家的小孩回家吃晚饭。周末，我们轮流到不同的朋友家串门。早上骑着自行车出门，约着一帮朋友在外面浪一天，摘桑葚、摸鱼，天黑才恋恋不舍地回家。

我没有上过幼儿园，但丰富且密集的社交活动就像一个社会幼儿园，为我直接进入一年级做好了准备。小学之后我的社交圈更大了，不仅有住在同一个家属区的伙伴，还有同班同学。现在我完全不记得小学学过什么知识，但我清楚记得，我们为了打赢攻城，一遍遍核对团队策略，细致到抓对方衣服的前襟而不是袖子；为了跳皮筋升级，每晚组队练习，直到每个人都能跳起用脚尖够到头顶；为了组织好一次春游，提前分工，每个人都尽职带好自己负责的米或菜。大家在一起玩耍的过程中，商量、谈判、争执、计划、分工，执行，问题自然而然地就解决了。我在丰富多彩的童年社交活动中自然形成了内驱力、责任感、成就感、沟通能力、领导力的雏形。我不记得小学课本上的内容，但我已经具备了这些软能力的雏形。这些能力从来没有离开过我，它们成为我的一部分，伴随我成长升级。可以说，丰富的社交就是我最奢华的幼儿园和小学。

遗憾的是，2010年、2020年后出生的孩子已经少有丰富多样的社交活动了。

在商品房普及之前，我们的生活高度社区化，大家或者住在同一个村子，或者住在同一个厂区，街坊邻居本来就是同乡或同事，常互相串门，孩子们自然会凑在一起玩。随着商品房的普及，大家物理意义上住在同一小区，社会意义上却少有联系：彼此不认识，邻里间的社交自然就少。以商品房小区为主的居住方式，大大压缩了大人和孩子的社交空间。

一位读者曾告诉我，他们刚搬到一个别墅区，别墅区入住率不高，周围配套不完善，平时连人都难得见到，别说同龄的小孩了。她非常担心孩子的社交。如果困在这样的居住环境下，我也会为孩子的社交深深担忧。

如果说社区化生活的消失大大限制了人们的社交，那么疫情让本就稀少的社交机会雪上加霜，电子产品的普及则对社交条件的恶化推波助澜。有多少孩子把大量的课余时间花在电子屏幕前？有多少孩子见到动画和电子游戏，就再也挪不开眼？有多少孩子早早戴上了近视眼镜？

《美国医学会小儿科》（*JAMA Pediatrics*）期刊上的研究显示：现在的孩子，每天看电视、使用电脑或移动设备的平均时间，从12个月大时的53分钟，增加到了3岁时的150分钟以上。美国儿科学会建议：不要让18个月以下的儿童接触屏幕，引导18至24个月的儿童缓慢接触屏幕，并将2至5岁儿童每天接触屏幕的时间限制在

1小时以内。但是在目前的研究中，87%的儿童接触屏幕的时间超过了这些建议。

《光明日报》记者联合有关专家，面向全国31个省、区、市学龄前儿童家庭展开抽样调查，共收回有效问卷25 020份，并结合多地家长访谈发现三大趋势：学龄前儿童"触网"呈现低龄化趋势；家长高质量陪伴不足；过早"触网"，多维度影响孩子身心健康。70.4%的学龄前儿童已经开始接触并主动使用手机等移动终端。12.6%的家长会经常主动用手机"陪伴"孩子，有68.75%的家长偶尔用手机"陪伴"孩子，仅有18.66%的家长从来不用手机"陪伴"孩子。91.09%的家长担心屏幕影响孩子视力，62.09%的家长担心孩子沉迷网络，近一半家长担心孩子接触不良信息或专注力下降。

我曾经收到四个高度相似的咨询：16岁的孩子，为了打游戏拒绝上学，为了拿到被父母收走的手机而殴打父母；14岁的孩子，表面上在上网课，其实是拿着平板打游戏，对屏幕之外的任何事情都不感兴趣；10岁的孩子，晚上熄灯之后偷偷躲在被窝里打游戏，被妈妈抓到之后说因为班里同学都在讨论这款游戏，不玩就落伍了；5岁的孩子，去郊外野餐时坚持带着平板电脑，野餐全程看动画，不跟其他小朋友互动。对平板游戏的痴迷，抹杀了孩子的社交动力，挤压了孩子的社交时间，干扰了孩子的正常作息。

现在的儿童，在社交环境上，面对的是社区生活的消失、疫情的限制、电子产品流行的三重夹击。 社交环境上的诸多"先天不足"导致儿童社交发展滞后的案例层出不穷。作为老师和家庭教育指导师，在我收到的大量咨询里，社交类问题占据了半壁江山。孩子见到陌生人就害怕、不跟别人玩、不愿意分享玩具、经常冲撞别人、想交朋友但总被人拒绝、被人欺负不敢说、被坏朋友教唆当街撒尿……这些社交问题，不仅反映了孩子的社交能力弱，更暴露了一系列综合发展问题。

大量研究表明，儿童社交能力的发展与未来的心理健康、学业成绩、职业发展、自我认知、生活幸福度密切相关。善于发展社交关系的儿童未来更健康、更长寿，有更强的心理复原能力、更好的学业成绩，也更快乐；而社交能力弱的孩子往往伴随同伴拒绝、暴力、霸凌、社交压力、抑郁等多样的社会心理问题。

我相信幸福来自人与人之间的深度联结，人一定会去寻找更深层次的理解和爱。**在通往幸福的路上，社交能力弱的孩子一开始就掉队了。**那么"15 后""20 后"的孩子是否注定在社交发展上艰难前行？

当然不是。家长的有效指导可以非常有效地提高儿童的社交技能。

在儿童社交发展的路上，最大的障碍不是外部环境的三重夹击，而是社交发展课程的缺失。很多家长甚至老师都没有意识到，社交技能是要教的。大到如何有效沟通，小到怎么正确帮助朋友提书包，都包含着需要训练的社交技能。这些技能的训练，可以被总结为社交技能课。这门课在课表上没有，却奠定了孩子人生的基调。

从来没有哪个时代的孩子，像今天的孩子面对这么多的社交挑战；从来没有哪个时代的孩子，像今天的孩子这么需要社交指导。

三重夹击的环境我们难以彻底改变，但是，有效的社交技能训练可以弥补外部环境的不足，充分利用孩子的每一次社交机会，帮助孩子的社交能力健康发展。

父母就是儿童社交技能课的第一任老师，负责引领孩子走出社交困境，赋能孩子有效社交，帮助孩子建立并维持高质量的人际关系。

这是一本写给 0 ~ 12 岁孩子家长的社交技能教科书，帮助家长提升孩子社交技能。如果抓住以下几点，你就能最大化利用这本书的价值：

1. 和本书的姊妹篇共读。儿童社会发展和情感发展属于同一发展领域，这本书相当于《情商这门课，只能父母教》的姊妹篇。建议两本书一起阅读，全面理解并支持儿童的社会情感发展。

2. 用实践和反思填补知道和做到之间的鸿沟。这本书介绍了16个关键的社交技能，每个技能后附有趣味练习。这些练习可以由孩子独立完成，也可以由家长和孩子一起以亲子活动的形式完成。希望大家能够边读边练，在生活中多引导孩子使用这16个技能，边学边用，从知道到做到。

3. 知其所以然比知其然更重要。没有任何一个方法可以无差别地适合所有孩子。教育孩子时，理解为什么要这么做，比怎么做更为重要。大家在学习怎么做的同时，一定要去理解为什么要这么做，做到知其然更知其所以然。

4. 思考的过程比正确的答案更重要。本书的练习里有大量的案例分析和场景思考。面对这些练习，家长们可能会觉得烧脑，觉得没有头绪，不确定自己的回答是否正确。其实，思考的过程比正确的答案更重要。练习调动思考能帮助家长更深入地理解孩子、理解社交、理解育儿，这比得到正确的答案更有意义。

5. 用发展的眼光看待儿童。即使最内向、最害羞的孩子也能从高质量的社交里获得巨大的满足。社交时，孩子做错了或者不愿做，往往是因为孩子不知道应该怎么做，而不是故意做错或逃避。家长应该看到孩子当下的发展阶段，知道孩子哪些能做到、哪些暂时还做不到，给孩子充分的接纳、信任和支持，帮助孩子曲线式、螺旋式动态成长。

第 1 章

社交能力：
通往幸福的阶梯

下面这些孩子表现出的社交问题，有没有让你觉得似曾相识？

16个月的宝宝，见到陌生人会表情很严肃、一动不动，在家和家人在一起时则不会有这样的表现。这种情况是由孩子性格导致的，还是因为平时见人太少了？家长应该如何引导呢？

孩子2岁4个月，很喜欢跟别人玩。每当他想跟别人玩时，就会用手戳对方，或者用玩具去碰别人身体。每次家长都会引导他只能握手，他有时会照做，但大多时候还是继续触碰别人。

孩子2岁9个月，不爱和小朋友玩，只喜欢自己玩或者和我玩，在家很活泼，在外面基本不说话，玩滑梯时有人来了就躲开。我们很担心他上幼儿园会孤僻。

我们家孩子3岁半了，不喜欢跟别人打招呼。他总找一些理由，要么这里痒痒，要么就是衣服不舒服。总要不断地引导，他才会跟别人打招呼。我们也知道强迫孩子不太好，可是不干涉又怕孩子没礼貌。

孩子刚上幼儿园，他个子大，控制不好力度，和小朋友玩闹时，他总是推其他小朋友，我经常被其他家长投诉。

姑娘马上就4岁了，在家里不让弟弟（马上13个月）碰任何玩具，说都是她的。她也从来不跟其他人分享任何东西，怎么劝她都没用。

我家小孩5岁，面对第一次见面的人，比如我同事、朋友，她会撒娇。有些人仅见过几次，她就想在别人膝盖上坐，表现得很熟。这种情况正常吗？

孩子9岁了，最近老把"我不跟谁谁谁玩"挂在嘴边，我很担心他交不到朋友。

孩子11岁了,最近班里转来一位新同学,他和这个同学走得很近。结果我发现,新同学不仅带着他玩电子游戏,还带黄色漫画给他看。我告诉他不能跟这个朋友玩,他委屈地说:"我就这一个朋友,不跟他玩跟谁玩。"

以上孩子的行为,哪些是他们所处年龄的正常的社交行为?哪些提示孩子有社交问题?面对这些行为,家长应该说什么、怎么做?在养育孩子的过程中,我们几乎每时每刻都要面对这些问题。发展孩子社交能力的第一步,就是理清孩子在不同年龄阶段有哪些社交特点。

社交的阶段性发展

我们以笑笑为例,来看看孩子会经历的社交发展阶段。

0~2岁,婴幼儿——家人就是世界

笑笑出生后,白天由爷爷奶奶照顾,晚上由爸爸妈妈照顾。这个阶段笑笑的主要社交对象就是4位照料者。笑笑的社交圈子仅仅局限在家庭内部,看起来好像没啥社交。其实,这一阶段的亲子互动方式是笑笑未来社交能力的关键指标,因为亲子互动方式决定了笑笑的依恋发展,而健康的依恋为一切社交提供安全港湾。

笑笑能作出初级的社会性回应,比如微笑、牙牙学语、指向动作、模仿大人的表情、听懂一些基本对话。他还读不懂社交规则,习惯以自我为中心,很难换位思考。

笑笑经常看到妈妈笑,他也笑;看到妈妈发脾气,他也皱眉

头。这种"喜妈妈之喜，忧妈妈之忧"的现象在心理上叫作社会参照，也就是面对不确定情境时，参照周围成人的反应对某一事物进行反应。

笑笑虽然还很小，已经表现出了明显的先天气质类型特征：活泼好动，冒冒失失。他会走之后一刻都不闲着，爬沙发、扔手机，不是在闯祸，就是在闯祸的路上。笑笑和慢热谨慎的邻居乐乐形成了鲜明对比。笑笑妈和乐乐妈约好一起去公园，她们刚到长椅上坐下，笑笑就跑了出去攀爬河边的护栏，吓得妈妈强行把他抱了回来。下一秒，笑笑又捡起了地上的未知果核塞进嘴里。笑笑已经闯祸一圈了，同龄的乐乐还缩在妈妈怀里，谨慎地看着周围的一切，双脚都没碰过地面。

不管是什么气质类型，这个阶段的笑笑和乐乐除了偶尔把对方当成玩具，碰一下、推一下，基本没有互动。这一阶段儿童的游戏形式主要是独立游戏和观察游戏，偏向于独自玩耍或者与大人玩。

0～2岁的婴幼儿期，孩子的社交范围局限在家里，家长就是整个世界。虽然没有实质上的同龄社交，但亲子互动的质量决定了孩子一生良好社交的生理基础和社会基础。此阶段家长可能存在的误区是忽略这一阶段的社交发展，或操之过急，过早鼓励孩子开展同龄社交。这一阶段，家长的主要任务是多说、多陪伴，帮助孩子形成健康的依恋关系，为孩子一生的发展构筑永恒的心理安全港湾。

2～6岁，托幼阶段——友谊的小船说翻就翻

2岁时，笑笑进入托班。之后，笑笑的社交圈不再局限于家庭。虽然有了同学，不过笑笑和同学的互动依然不多。平行游戏是这一阶段的主要形式，即孩子们在教室里各玩各的，彼此之间会互相观察，但不会一起玩耍。

3岁入园之后，笑笑的社交活动越来越多样，越来越复杂，不

再局限于各玩各的，而是可以和几个小朋友参与同一个游戏，彼此之间有明显的互动和合作，游戏形式已经发展到合作游戏。有时，笑笑和其他小朋友一起搭积木房子；有时，4个小朋友凑在一起玩医生看病的过家家游戏，笑笑最喜欢当医生。

这一阶段，笑笑切换视角的能力初见雏形。他可以理解如果撞到别人，对方会很疼很生气，所以他尽量控制自己的动作，在室内慢慢走而不是跑。虽然他很想一直玩教室里唯一的吊车，但当老师提醒玩具要轮流玩后，虽然刚玩了5分钟，他还是能忍着不舍把吊车递给乐乐玩。

这一阶段，分享和助人等亲社会行为开始出现。中秋节活动，他把妈妈准备的花生糖分给其他小朋友，其他小朋友很开心，他也开心，这是笑笑第一次体会到分享的乐趣。看到乐乐的笔掉在地上了，他会帮乐乐把笔捡起来。

笑笑对同伴的积极社交品质非常敏感，能积极观察、理解、回应积极的社交品质。有一次，乐乐正在玩三轮脚踏车，笑笑想玩，乐乐就给他玩了，笑笑一直记着这件事。玩过家家的时候，其他小朋友说不要乐乐，笑笑马上说："不行，乐乐和我们一起玩。"还有一次，乐乐早早站在队伍里，被其他小朋友插队了，笑笑主动说："你不要插队，是乐乐站在这里。"

笑笑也有了相对固定的玩伴，初步建立了自己的友谊。看起来，笑笑已经能较好地与其他小朋友社交。但其实，笑笑所有的社交活动都需要老师和家长的密切监护。如果成人不在场，笑笑和乐乐都特别容易和其他小朋友起冲突，然后哭闹着收场。

2~6岁的托班和幼儿园阶段可以总结为"友谊的小船说翻就翻"，孩子们形成了初步的同龄友谊，但是不多也不深。更多时候，孩子都以自我为中心，优先考虑自己的需求，正努力学习换位思考，学习和他人互动。这一阶段家长容易陷入的误区是习惯用成人的道德判断解读孩子的社交行为，对于不分享、不打招呼、冒犯他人、回避社交等行为过分敏感。此时，家长的主要任务是把自己当成孩子的头号玩具和玩伴，多和孩子一起玩，让孩子在玩中发展高质量社交。

6～12岁，小学阶段——社交风格初长成

这一阶段，学校是笑笑主要的社交场合。在学校的每一天，笑笑都会和其他人有着多样且复杂的互动。如果与同学相处愉快，笑笑一天都充满活力，学习也游刃有余。如果跟同学起了冲突，笑笑就会一整天没精打采，放学回到家都不开心，也无心学习。

友谊围绕着同伴认可展开。笑笑对受欢迎程度很敏感，能很快捕捉到班里的谁谁谁受欢迎，他会刻意观察受欢迎同学的言行举止。笑笑发现，受欢迎的乐乐总是对人笑，于是他会模仿乐乐的笑容；笑笑也发现，大家都喜欢聊米小圈，笑笑也看了米小圈并想办法加入交谈。这个阶段的孩子更喜欢和同龄人玩耍。他们是渴望友谊的，他们获得友谊的核心方式是获得同伴的认可和接纳，并为此展开相应的行为。

同时，笑笑对不良社交行为也非常敏感，很容易注意到别人的拒绝、口头攻击、退缩等行为，有时甚至作出过激反应。班里新转来一位同学天天，总是独来独往、闷闷不乐，常常拒绝一起玩的邀请，笑笑一直看在眼里。有一天上阅读课，天天没带书，笑笑就主动把自己的书借给了天天。有一次，课间休息，笑笑想去打水但同桌不让他离开座位，笑笑一着急就把水杯砸到了同桌头上。

笑笑换位思考的能力也得到了进一步发展，能够考虑到不同社交情境下他人的视角。班里选校足球队队员，一直努力练习的笑笑落选了。刚开始，他觉得是体育老师故意针对他，但冷静下来之后他就意识到，自己个子不高、体重大，确实跑得不快，就算再努力，

也比不过那些瘦高的同学。于是，他不再执着于进校队，反而对架子鼓更上心了，因为他觉得自己更擅长架子鼓。结果如他所愿，笑笑入选了架子鼓校队，也通过玩架子鼓认识了几个要好的朋友。笑笑换位思考的过程聚焦于获得同伴认可，避免同伴拒绝。

笑笑和乐乐初步形成自己的社交风格。笑笑容易冒犯别人，但会玩，活泼，点子多，总能吸引到小朋友；乐乐通常是被动接受邀请的，谨慎，友好，话不多，很受大家欢迎。笑笑和乐乐的风格大相径庭，他们都用自己的方式发展出初步的友谊，在多样的社交活动中，快速发展各自的社交技能。

小学阶段可以概括为社交风格初长成。孩子已经展现出与个性匹配的专属社交风格，并形成了固定的友谊，发展出稳定的道德感。短短6年里，孩子心理活动的复杂程度、社交活动的丰富度、友谊的深度都有飞跃。家长常见的误区是手伸太长去代办解决孩子的社交问题。这一阶段家长的关键任务是，当教练去指导，当拐杖去支持，当啦啦队给孩子加油。

12～18岁，中学阶段——通过社交，了解自己

这一阶段的社交互动更少和学校捆绑。中学后，笑笑的社交不再局限于家庭和学校。他有了更多的朋友，有小区一起长大的邻居，有一起玩架子鼓的鼓友，还有一起踢足球的球友。笑笑可以和很多人分享自己在学校的愉快和不愉快。

笑笑的友谊围绕着亲密度和互惠度展开。笑笑不再纠结于自己是否受他人认可，而是更看重彼此之间的亲密度和互惠度。和好朋友在一起的时候，他更愿意表达不同的观点，更注重自己是否舒服，因为他觉得好朋友可以理解自己。有时和朋友闹别扭了，关系冷了几天之后还是会玩到一起，因为他们有共同的话题，需要互相陪伴。

笑笑身边开始有了明显的小圈子，笑笑的互动都发生在自己所

属的小圈子里。在玩足球的这个圈子里，笑笑和大家的互动很多，与篮球圈、乒乓球圈子里的人交集相对就很少。电子游戏这个圈子里，他经常与大家交流最新游戏进展，而与读书的朋友就没啥共同话题。

笑笑开始基于小圈子发展自我身份认知。在与他人的互动里，笑笑对自我身份的认知不断加深。他清楚地知道，自己喜欢足球但不擅长，会把足球作为一项课余爱好，但不再追求足球技术遥遥领先于他人。他知道，自己擅长使用电子产品，各种新的设备、电子游戏、学习软件，笑笑很快就能弄清楚怎么用。作为技术小达人，当朋友们遇到技术问题时，他总能第一时间帮他们解决。但笑笑也知道，论编程能力，自己远不如天天。天天参加过编程大赛，并已获奖。自己想要获奖，还要学习更多编程知识。

笑笑换位思考的技巧越来越成熟，他能深刻认识到不同人有不同的需求。笑笑试图发起过几次周末电影活动，邀请好朋友来家里看电影，但对于聚在一起看什么电影、玩什么，大家总是七嘴八舌，最后不了了之。一开始笑笑很受挫败，慢慢地他也明白，只用一项活动满足所有朋友的需求，这是不现实的。笑笑总希望有更多时间玩电子游戏，但也明白妈妈为保护他的视力而设置的时长限制，每次玩电子游戏笑笑都会自觉地到点停止。

中学阶段的后期，笑笑对浪漫关系开始充满了幻想，对于异性有复杂的情愫，靠近时暗自欣喜，太靠近时又莫名紧张担心。

12～18岁阶段，孩子社交的丰富度和深刻度非常接近成人。社交里用于了解他人的每一分钟最终都能帮孩子更了解自己：我是谁，我需要什么，我期待什么，我的底线是什么。青少年从他人的互动里映射出真实的自己，完善自我认知。在这个"透过社交，了解自己"的阶段，家长常见的误区是纠结于别人眼里孩子的形象，而忽视了孩子眼中的自己。这一阶段，家长的核心任务是，帮助孩子解读世界上纷繁复杂的声音，鼓励孩子探索"我是谁"并勇敢地做自己。

孩子的四个社交发展阶段可以总结为下表：

年龄段	社交发展的主要特点	家长的核心任务
0～2岁 婴幼儿	家人就是世界	多说，多陪伴，帮助孩子形成健康的依恋关系，为孩子构筑人生的安全港湾
2～6岁 托幼阶段	友谊的小船说翻就翻	当孩子的头号玩具和玩伴，多和孩子一起玩
6～12岁 小学阶段	社交风格初养成	当教练去指导，当拐杖去支持，当啦啦队喊加油
12～18岁 中学阶段	通过社交，了解自己	帮助孩子解读世界上纷繁复杂的声音，鼓励孩子探索"我是谁"并勇敢地做自己

社交技能模型

儿童不同阶段的社交发展特点，为我们提供了一幅社交发展纵向全景图。了解这幅纵向全景图，我们更容易识别孩子的社交行为是否正常，我们的期待是否合理，作出阶段性判断。想要知道如何提升孩子的社交技能，我们需要把镜头拉近，看看0～12岁孩子的社交能力包括哪些细分技能。

世界百强大学之一的荷兰乌得勒支大学的一项研究，统计了历年来社交能力包括的具体细分技能，如下表所示：

学者	社交能力包括的具体技能
Crick and Dodge, 1994	1. 编码社交情境（encoding social situation） 2. 解读社交情境（interpreting social situation） 3. 冲动调节（arousal regulation） 4. 回应建构（response construction） 5. 回应评估与选择（response evaluation and selection） 6. 行为实施（behavior enactment）
Halberstadt et al., 2001	1. 意识（awareness） 2. 识别（identification） 3. 社交语境下工作（working within social context） 4. 管理及调节（management and regulation）
Hay et al., 2004	1. 共同关注（joint attention） 2. 情绪调节（emotional regulation） 3. 冲动控制（inhibitory control） 4. 模仿（imitation） 5. 非正式理解（casual understanding） 6. 语言（language）
Raver and Zigler, 1997	1. 情绪调节技能（emotional regulation skills） 2. 社会认知技能（social cognition skills） 3. 关于关系的思想、信念、态度（thoughts, believes, and attitudes about relationships） 4. 情绪标签（emotion labels） 5. 儿童对自我的感受（how children feel about themselves） 6. 交流行为（口头及非口头）[communicative behavior（both verbal and nonverbal）]

（续表）

学者	社交能力包括的具体技能
Rose-Krasnor, 1997	1. 视角取舍（perspective taking） 2. 交流（communication） 3. 共情（empathy） 4. 情绪调节（affect regulation） 5. 社交问题解决（social-problem solving）
Rose-Krasnor and Denham, 2009	1. 自控（self-regulation） 2. 社交问题解决（social-problem solving） 3. 亲社会行为（prosocial behavior） 4. 社会意识（social awareness） 5. 交流能力（communication abilities） 6. 社交戏剧游戏（sociodramatic play）
Junge et al., 2020	1. 社交编码（social encoding） 2. 社交问题解决（social problem solving） 3. 情绪调节（emotion regulation） 4. 交流（communication） 5. 共情（empathy）

根据近年的学术研究，并结合多年的教学及家庭教育经验，我在本书中把儿童的社交技能分为5大能力、16项技能。

社交能力	社交技能	儿童练习
解码社交情境	1. 分清我的/别人的/大家的	1. 这是谁的 2. 我的礼貌加油站
	2. 分辨社交距离	3. 冰冻人游戏 4. 社交侦探
	3. 分享	5. 如果不分享，×××会有什么感受 6. 我的分享清单
	4. 轮流	7. 家庭流动岗

（续表）

社交能力	社交技能	儿童练习
进行坚定的沟通	5. 为自己挺身而出	8. 五感倾听法 9. 万能的"你……"问题
	6. 有善意也要有盔甲	10. "我……"句式 11. 猫头鹰怎么说
	7. 给话语注入力量	12. 使用音量表 13. 我是变声机
	8. 用好心灵的窗户	14. 蝴蝶亲亲 15. 木头人 16. 不倒翁 17. 眼睛的信号
建立并维护高质量的友谊	9. 分辨真假朋友	18. 我要服从吗
	10. 敢拒绝也敢被拒绝	19. 拒绝还是同意 20. 给自己的一封信 21. 头脑风暴
	11. 聪明地反击	22. 事实还是观点 23. 被人这样说，你该怎么办
有效处理冲突	12. 提高社交免疫力	24. 测量问题的尺码 25. "我觉得……"
	13. 冲突解决4步骤	26. 平静路径 27. 决策矩阵
	14. 冲突解决8方法	28. 冲突解决轮盘 29. 冲突解决瓶
	15. 从冲突里学习	30. 机会墙 31. 如果你是家长
预防欺凌	16. 我能化解欺凌	32. 在线安全锦囊 33. 21世纪世界公民游戏卡

这个社交能力模型，相当于孩子社交能力的横切面，为我们解锁了整体提升孩子社交能力的细分目标。掌握了5大社交能力、16项社交技能的孩子，能够游刃有余地应对各种社交场合，能够建立并维护高质量的人际关系，能够避免在频繁的社交冲突中消耗能量，能够远离愈演愈烈的各种霸凌，最终成长为健康且幸福的社会人。这样的孩子是真正意义上的社交高手。

社交高手从来不是狭窄意义的开朗健谈、八面玲珑、巧舌如簧。社交能力的核心是与他人保持有意义关系的能力。社交能力的表现形式因人而异，深刻体现了儿童的自我认知和个性。具有社牛属性的孩子并不一定都能说会道，话少的孩子同样可以进行有效社交，各种不同社交风格都能开展有意义的社交。

社交能力不是取悦他人、让我们受欢迎，而是涉及定义我是谁、我想要什么样的关系、如何建立并维护这样的关系，如何化解关系里的障碍。社交能力表面上看起来好像是关于学习了解他人的功课，但深挖之后我们会发现，这是关于自我的功课。我们在与他人互动的过程中，能更好地了解自我、成就自我，更好地形成自己的社交风格，从而建立自己的社交圈子。

情商之父丹尼尔·戈尔曼（Daniel Goleman）在其著作《情商2：影响你一生的社交商》（*Social Intelligence: The New Science of Human Relationship*）里对社会智力做了这样的定义：个体理解和应对社会情境、与他人共情以及有效建立和维持关系的能力。如果儿童在发展早期掌握了社交的5项能力、16项技能，那么他们将拥有高超的社会智力，能有效和他人建立并维护关系。他们将拥有高质量的亲情、爱情、友情。不管他们的事业高度如何、学业表现如何、遇到怎样的人生变故，都有亲密的人真心祝福、守护、陪伴着他们。在我看来，这就是我们追求的最终幸福。社交能力，就是每一个人通向幸福的阶梯。

第 2 章

6个原则帮孩子越来越社牛

孩子社交能力的发展就像树苗长大一样，是很自然的过程。当环境适宜，树苗就会向下扎根、向上抽芽，慢慢长高长大，不需要我们用手抱住树干往上拔。如果儿童正常生活、正常入学、正常玩耍，就能自然发展出社交能力。

生活中，就像孩子身高会因营养不均衡而被限制一样，社交发展也可能因内部、外部因素而被限制，比如社交机会少、社交环境恶劣、先天气质谨慎等。为了最大化激发儿童社交的潜力，我提倡先"治本"再"治标"的思路。"治本"指从儿童的成长环境入手，创造良好的社交环境；"治标"则是按照5大能力、16项技能，有针对性地加强某方面的社交技能。这一章围绕"治本"，介绍6大原则，优化社交整体环境；第3至第7章则围绕"治标"，阐述针对性策略，做好社交单项加强。

社交能力是帮助人建立良好关系的能力，也是让人一生幸福的能力。发展这项能力的潜能与生俱来，有合适的条件即可生根、发芽、长大。可以说，我们每个人的身体里，都潜藏着一套幸福密码。下面介绍发展孩子社交的6个原则，帮孩子解锁幸福密码。

分主次：情绪第一，问题第二

5岁的哥哥果然又把3岁的弟弟弄哭了。小时候，邻居曾开玩笑跟哥哥说过，"你爸妈有了弟弟就不要你了"。弟弟出生后，哥哥跟弟弟的互动就经常充满敌意：不让弟弟碰自己的玩具，经常抢弟弟的玩具；有时故意打弟弟，还拒不认错。

今天是弟弟入园第三天。在幼儿园,弟弟想要哥哥的玩具,哥哥不给并推了他一把,弟弟摔倒在地,脸被蹭破了。老师在日志上清楚地记录了全过程并标注:一直到放学哥哥都没有跟弟弟道歉。

回到家,我一提起弟弟摔倒的话题,哥哥就跑开。被我抓回来沟通时,哥哥就脖子一伸,说:"谁让他先抢我的玩具。"哥哥完全意识不到自己的错误。

哥哥总是争宠,跟弟弟不亲,还死不认错。我要怎么教会哥哥跟弟弟友好互动呢?

这是一位二孩妈妈的提问,反映了很多多孩家庭面对的典型困境:手足之间冲突不断。

针对这位妈妈的咨询,我们进行了如下对话:

我问妈妈:"你觉得哥哥推倒弟弟的这一天,心里是什么感受?"

妈妈愣住了,说:"我没有想过这个问题……嗯……我也不确定大宝是什么感受。"

我们可以代入哥哥的视角,推演一下哥哥推倒弟弟之后的心理活动。

"哎呀,弟弟脸上蹭破这么多皮,弟弟肯定很疼。"——有心疼弟弟的愧疚。

"妈妈以前就总批评我欺负弟弟,这次我让弟弟摔得这么惨,我是坏孩子,没人喜欢我。"——有否定自我的羞耻。

"我闯大祸了,妈妈会不会真的不要我了?"——有担心被妈妈抛弃的恐慌。

"我该怎么办呢?老师不喜欢我了怎么办?爸爸妈妈讨厌我怎么办?"——有面对难题的无助。

其中可能还伴随被老师批评后的难过、被同学指指点点的失落,以及对弟弟招惹自己的生气。

这么多复杂的情绪,把哥哥5岁的小脑袋填满了。哥哥的大脑高速处理着这些情绪,就像一台超载的电脑,没有更多的算力开展理性思考。这时不管怎么动之以情、晓之以理,哥哥都无法理性思考、反思,更不会道歉。

在处理孩子社交问题时,第一个原则就是,分主次:情绪第一,问题第二。也就是任何时候,都要先处理孩子的情绪,等孩子平静下来再解决问题。如果本末倒置,那么简单的社交问题也容易演化成彼此情绪的对抗,在对抗中消耗能量,问题反而愈演愈烈。就像前面的妈妈,忽略了孩子的情绪,上来就解决问题,结果孩子根本不买账。

妈妈如果能够停一下,先问问孩子的感受,理解孩子的感受,复述孩子的感受,梳理孩子的情绪,这就会给深陷情绪泥沼的孩子创造一个出口,拉着孩子走出情绪的泥潭。**当孩子在情绪的暴风骤雨里平静下来,后续的反思和改进自然水到渠成。**

辨价值:冲突是资产,不是负担

"不好好说话就不要出去玩。"子涵妈妈不得已才说出这句话。

子涵10岁,从小做事冲动,手比脑快,冒冒失失,总冲撞别人。同桌带来新款奥特曼贴纸,他一把就抢了过来,同桌在护贴纸的时候不小心抓伤了子涵。子涵带着新买的平衡车到楼下显摆,邻居家小孩好奇地扶着把手也想骑,他一把推过去,直接把小孩推倒在地。这样的社交冲突,每天都要上演。

事后反思时,子涵能清楚地说出,自己做得不对;能清楚地说出,下次再遇到这种情况时应该怎么办:想要贴纸应该先问同桌"能不能给我玩",不想让邻居家小孩碰自己的平衡车应该说"你别碰"。同时,他也能积极认错、主动道歉。因为道歉积极且对他人的冒犯比较大度,子涵跟其他小朋友处得不错。然而子涵妈妈担心这种冒犯会阻碍子涵社交的健康发展,害怕子涵被老师或邻居投诉,希望子涵跟其他小朋友和和气气地相处。然而事与愿违,面对冲突,子涵依然手比脑快,生活中充满了无限循环播放的"冒犯 — 认错 — 道歉 — 再冒犯"的情景剧,子涵是驻场男主。

面对这样的子涵,妈妈恨铁不成钢,只好说"不好好说话就不要出去玩""如果你今天冒犯了其他人,那么明天就不能出去玩"。子涵妈妈也知道这样无法解决问题,于是问:"我该怎么做,怎样才能让子涵不再发生社交冲突?"

我想子涵妈妈面对的困境,是所有冲动型孩子妈妈的共同难题。其实,社交冲突不是负担,而是孩子的资产。

一个很容易被家长忽略的事实是,频繁经历社交冲突是孩子成长的常态。试想一下:五口之家,每天都会因鸡毛蒜皮纷争不断。在一个有着三五十个小朋友的班级里,大家性格迥异、需求迥异,朝夕相处 8 小时,孩子尚不具备娴熟的社交技能,在学校面对高频的互动和复杂的关系,班级日常就是孩子社交的修罗场,相当于职场新人被安排了 CEO 的工作,掉链子在情理之中也在所难免。

正是在频繁的社交冲突中,孩子快速发展社交能力。冲突是资产,不是负担。**这种在真实的社交困境里摸爬滚打的经历,是促进孩子社交发展必不可少的养料,每一次冲突里的历练都是孩子社交能力精进的阶梯。**如果家长自己瞎担心,怕麻烦,嫌弃孩子,试图卸载孩子的社交冲突,那么同时卸载的是孩子社交进步的阶梯。

我们不能期待孩子不发生社交冲突,而是要化解自己对孩子社交冲突的焦虑，着眼于可以从每次冲突中学习什么。在孩子发生冲突时，家长应充当孩子的领航员和安全垫，引领孩子走出困境，为孩子拦下危险，而不是制止孩子出海远航。

判归属：你的问题 vs 我的问题

晚上 11 点，一位妈妈发来这样的咨询：

我家孩子轩轩 3 岁了，慢热，面对不熟的人不怎么说话，面对别人的提问也不爱搭理。今天早上，孩子的爸爸一直问他喜不喜欢爸爸，孩子一直摇头不说话。爸爸很生气，就口不择言地指责我："你怎么教育孩子的？！"我也生气回怼："你怎么不反思一下孩子为什么不跟你说话。"孩子他爸更生气了。事后想想，问题并没有解决。爸爸经常问孩子不感兴趣的问题，孩子也不理爸爸。我应该怎么引导孩子好好跟爸爸说话呢？怎么引导孩子在社交上大胆点儿？

针对这个咨询，如果顺着提问的思路去回答，那么解决的办法是教会孩子不想说话的时候说"不知道"，告诉孩子"爸爸这么问是喜欢你，你不理爸爸他很失望"。这样的思路表面看没问题，实际上是把不属于自己的问题扛到了自己的肩膀上。

如何跟孩子沟通，是爸爸需要学习的课题；亲子沟通受挫之后如何消化生气的情绪，也是爸爸的课题。爸爸把需要学习的内容甩锅给妈妈，把生气的情绪发泄到妈妈身上，这是不合理的。妈妈可以：

1. 不搭理情绪暴走的爸爸。

2. 理清问题。"孩子没按照你期待的方式回应，你很生气，于是你把气撒在了孩子和我身上。"

3. 提供帮助。"如果你想知道怎么跟儿子好好聊天,可以试试这么问。"

4. 划清界限。"我知道你很生气,但我不是你情绪的垃圾桶,请不要把情绪发泄到我身上。"

但妈妈没有必要把爸爸的问题扛到自己肩上,试图为爸爸解决亲子沟通不畅的问题。如果妈妈扛下了属于爸爸的问题,那不管妈妈如何用力,只要爸爸不学习,爸爸的亲子沟通问题和情绪管理问题就会一直存在,并会在日常生活中以不同的形式呈现,反复给妈妈留下各种亲子沟通不畅的烂摊子。而且,妈妈越用力,爸爸可能越不自知。

这就是判归属:在思考问题如何解决之前,先想清楚,这是不是我应该解决的问题。**如果不是自己的问题,那就把问题交还给当事人去解决。**少了判归属,贸然帮他人解决问题,很可能会越用力,越糟糕。

类似的归属不清的场景,密集发生在把属于夫妻一方的问题扛过来、把属于长辈的问题扛过来,以及更常见也更隐秘的——把属于孩子的问题扛过来。

收到轩轩妈妈的咨询后,我问:"你是基于什么得出孩子慢热的结论的呢?"

轩轩妈妈回答:"轩轩上幼儿园之后,老师说他慢热,跟不熟的人不怎么说话,声音很小,有点儿害羞;与人熟了之后就聊得很融洽。平时跟奶奶视频聊天时,他也不怎么搭理奶奶,只顾着玩自己的。"

我又问:"这种慢热给轩轩带来了什么困扰呢?给你带来了什么困扰呢?"

轩轩妈妈想了一下,说:"对轩轩没有困扰。主要是困扰我。周围人都评价轩轩胆小害羞,特别是轩轩爸爸,总指责我没有教育好。"

这就是把孩子的问题扛在自己肩上的典型表现。处于托幼阶段的孩子，其社交受先天气质影响很大。慢热气质的孩子，其社交行为表现为：谨慎，需要更多时间适应环境和人，较少主动跟人交流。这种先天气质并不妨碍孩子的社交质量。**如何在自己的先天气质下用自己的风格开展社交，是孩子的课题；而如何面对他人对自己孩子的评价，是家长的课题。**

对于自己的课题，轩轩解决得不错，他能够与熟络的同学互动，并不受慢热气质的困扰。反倒是轩轩妈妈，面对别人对轩轩的评价，乱了阵脚。轩轩妈妈该解决的不是轩轩慢热的问题，也不是想办法让轩轩在社交上更大胆，而是自己应如何客观地面对他人对轩轩的评价。家长需要学会建立一道外部评价过滤网，滤掉没有价值的评价，滤掉抱怨、指责、宣泄，保留建设性的建议。

分不清问题归属，解决本属于别人的问题，不是在解决问题，而是在剥夺对方进步的机会。一个人无法负担多人的成长，习惯把他人的问题扛在自己肩上的人，很容易陷入"我为你做了这么多，你怎么不领情"的情感索取状态，与他人的互动一定会失衡。**把他人的问题扛在自己肩上，这种背负不是担当，而是手伸得太长。**

我们能做的是，在解决问题之前，划清问题归属，理清这是谁的问题，并始终聚焦于自己的课题，在有余力的情况下为他人提供帮助。

理步骤：事前演练，当场示范，事后反思

爸爸时常担心米宝的社交。6岁的米宝太胆小害羞了。楼下的滑梯，她自己一个人可以玩得很开心，一旦有人过来，她就立马躲开。有时，她想与小区里其他小伙伴一起玩，却只敢远远看着，不敢开口。邻居们跟米宝打招呼，米宝会习惯性躲在爸爸身后，很少

回应。我平时也算很有耐心了，都是和气地告诉米宝该做什么，但收效甚微。我该用什么话术，才能更好地引导米宝社交？

我问爸爸："你给米宝示范过应该怎么做吗？在家演练过吗？"

爸爸说："什么是示范？要怎么演练？"

帮助孩子大方开展社交，说什么不重要，重要的是做。这个"做"，有三个步骤：事前演练，当场示范，事后反思。社交是一项技能，可以训练。想要帮孩子掌握技能，"说"的效果有限，"做"才是王道。就像游泳，不管跟孩子说多少遍怎么游，如果不让孩子下水扑腾，孩子就不可能学会游泳。事前演练、当场示范、事后反思的三个步骤，就是把"做"的过程具象化。

事前演练。在米宝参与真实的社交活动前，在家里和米宝玩过家家，通过角色扮演的方式，帮助米宝熟悉不同的社交情境，并指导米宝做出相应的行为。比如，米宝玩滑梯时，爸爸扮演想玩滑梯的大姐姐，说："我想玩滑梯。咦，好像已经有个小朋友在那里了，不管她，我直接去滑。"爸爸一边说，一边观察米宝有什么反应，鼓励米宝一起来玩，然后互换角色。

当场示范。在社交场景的当下，直接做孩子的替身，帮孩子说出或做出合理的行为。比如，邻居打招呼米宝不好意思地躲进爸爸怀里，这时，爸爸可以做米宝的"嘴替"，模仿米宝的声音说"张叔叔好"。这种示范比推着害羞的米宝说"快跟张叔叔打招呼呀"更有力量。

事后反思。在社交场景发生之后，在米宝情绪平静的情况下，跟米宝聊一聊当时的场景，进而理解米宝当时的所思所想，挖掘米宝的卡点，陪着米宝一起克服困难。比如，米宝不敢与小朋友一起玩滑梯，大人就可以问米宝："米宝，为什么不去加入小朋友呀？""害怕吗？担心他们不想和你玩吗？""我们排在姐姐后面直接上滑梯好不好？爸爸陪着你。"

一般情况下，任何一项社交技能，具象为三步骤，孩子都可以掌握。

米宝爸爸，以及众多受困于孩子胆小害羞的家长，需要的不是引导孩子的话术，而是把每一项技能拆解成这三个步骤：在社交发生前带着孩子演练；在社交发生的当下，亲自做，示范给孩子看；社交之后拉着孩子聊。这三个步骤循环几次之后，孩子会在自己准备好的时候独自开展社交。

做练习：好家长就是好演员

安安刚刚升入幼儿园中班。老师反映安安在幼儿园不合群，手里的东西看得特别紧，不愿与其他人分享，同学们都觉得安安小气，做游戏也不愿意带着安安。有时，其他人冒犯安安，安安也不会拒绝。安安不知道怎么加入游戏，在幼儿园也没有好朋友，经常一个人玩。

妈妈了解到安安上课很认真，回到家经常唱在幼儿园里学的儿歌，也很渴望与其他小朋友互动。妈妈也意识到，不懂得分享、不会与小朋友互动、社交上比较落后，这不能怪安安，主要责任在于家长。妈妈与家里其他长辈都不擅长情绪表达，安安从小安全感不足且胆小，需要比别人更多的爱。

安安妈妈寄希望于老师，希望幼儿园老师能给安安提供更多的指导，但很快她就发现，老师根本顾不过来，因为幼儿园里的小朋友太多了。安安好像也不太喜欢老师，早上经常哭着不肯进幼儿园，在门口见到老师也不会主动打招呼，偶尔对妈妈抱怨"老师会说我"。

安安妈妈认为，目前这个幼儿园可能给不到孩子好的教育。为了不影响孩子最重要阶段的发展，安安妈妈已经在考虑辞去浙江的工作，把安安送到北京的幼儿园。

有多少人跟安安妈妈一样，受困于孩子的社交问题，分析一圈之后引出了更多问题，而破解道路都是死胡同，每天就像在没有出口的隧道里东摸西撞。

我们可以用上面的几个原则，帮助安安妈妈拆解问题，找到出口。

按照"判归属"原则，安安妈妈先要判断哪些问题是自己的课题，哪些不是。幼儿园里如何给安安更多社交上的指导，这是老师的课题，不是家长的课题。任何家长都不可能跳进幼儿园直接指导孩子。妈妈没有必要把属于老师的课题，扛在自己肩上，而是应该把"在学校更好地支持安安的社交"这个问题交给老师。家长要做的是反馈情况、提供建议，在家庭教育这一端配合老师。

所有家长都希望老师能更多地关注自己的孩子，希望老师给自家孩子更多的爱。当自家孩子没有被老师充分支持时，很多家长会觉得，换个幼儿园就好了。其实没有任何一所幼儿园、任何一位老师能够保证，你的孩子能够在幼儿园得到充分的支持。幼儿园和老师只能竭尽所能满足孩子的成长需求，幼儿园教育无法满足的需求，正需要家庭教育去弥补，而不是幼儿园教育满足不了需求，那就换个幼儿园。当然，如果幼儿园或老师失职，阻碍了孩子的身心健康发展，那么家长应该立刻远离有害环境，这种特殊情况不在本次讨论范围内。

按照"理步骤"的原则，事前演练，当场示范，事后反思。在孩子面对社交困境的当下，我们应该当场示范正确的做法，事后和孩子一起反思下次怎么做。而真实情况往往是，孩子在幼儿园面对的社交困境，家长不在场，无法当场示范，孩子回家后也很可能忘记幼儿园里发生的事,家长难以带孩子反思。

孩子面对社交难题时,如果家长在场,那么可以采用"事前演练,当场示范,事后反思"的原则。

如果家长不在场,那么可以抓住"事前演练"的原则,通过角色扮演,还原社交情境。角色扮演就是我们常说的过家家(pretend play)。过家家是儿童发展必不可少的一种形式,对儿童的想象力、创造力、社交能力、情商发展具有重大意义。心理学家爱利克·埃里克森(Erik Erikson)说:"过家家是通往创造性的黄金大道。"过家家就像专属孩子的舞台,在这个舞台上,孩子既是导演,也是演员、观众,他们尽情演绎对世界的理解,在安全的想象里练习解决问题,体验不同角色,探索自己在世界的位置。

这个舞台天然适合模拟各类社交场景,孩子可以在此乐此不疲地玩耍。很多学前儿童,可以在一个小角落里畅玩一整天过家家。这一天虽然他们的身体局限在房间的小角落,但他们的头脑已经和形形色色的人上演了多场社交大戏,在过家家中理解并练习社交技巧。

帮孩子练习特定的社交技能,家长玩好过家家这一项游戏就够了。好家长就是好演员,家长的演绎不需要多好的演技,只需要一颗陪着孩子一起玩耍的童心。一个会"演戏"的家长,在过家家的角色扮演里,就能帮孩子实现技能和快乐双丰收。

对于安安妈妈,我是这么建议的:做好"戏精"上身的准备。

当安安想吃妈妈手里的冰激凌时,扮演"小气鬼",就是不给安安,帮助安安换位思考,理解被拒绝之后的失落。

当安安想要玩妈妈的手机时,化身"娇气包"和"纠结大王",一边嘟囔着"可是我现在需要用手机看新闻呀,不能给你手机",一边良心发现"可是安安想看动画片,如果看不到,安安一定很难过,算了,我愿意把自己最心爱的手机分享给安安"。妈妈在自言自语的表演中，帮助安安理解分享的含义。

当安安拿着新买的玩具开心玩耍时，妈妈变成"大坏蛋"，一把抢走安安的玩具，看看安安是否能及时喊停，保护自己的物品。然后轮到安安演坏蛋，妈妈亲自上场示范大声喊"停"，震慑坏蛋。

生活处处是舞台，好家长就是好演员。 通过表演和自白，家长能为孩子创造一个又一个社交和反思的机会。

架桥梁：跨越知道和做到之间的"银河"

不知道这是8岁的慢慢第几次被欺负了。

慢慢的妈妈自称懒妈，是心理学硕士毕业的心理咨询师。有了慢慢之后，懒妈的主业是带娃，副业是育儿博主及家庭教育指导师，基于自己心理学的专业背景帮助其他家长解决育儿难题。

作为育儿专业户，懒妈有扎实的理论基础和丰富的育儿技术。慢慢从小谨慎慢热，在社交上，用懒妈的话说就是"慢慢是个面瓜型儿童"。面到什么程度呢？经常被打。

在幼儿园时，慢慢经常被小虎子打，因为小虎子，他常常不敢去幼儿园。时不时告诉妈妈"今天小虎子又打我了"的情况，贯穿了慢慢的幼儿园生涯。

每次慢慢被打，懒妈在家就会理论、实践两手抓：

1. 下次被打，你可以怎么制止小虎子？
2. 制止的方法是什么？
3. 喊"停下"要怎么喊，用多大的音量喊？
4. 要不要还手呢？哪些情况下可以还手？
5. 哪些情况下可以告诉老师？
6. 如果去找老师，怎么跟老师说？

7. 现在我变身成小虎子,慢慢,你站远一点儿,不要离我那么近(然后顺手推慢慢)。

8. 假设你是小虎子,你喜欢我手里的玩具,想要拿走它。(慢慢伸手拿玩具的时候,懒妈当场大声呵斥"停下,这是我的"。)

这样通过角色扮演开展的家庭版"事前演练,当场示范,事后反思",每隔几天就来一场。

懒妈的演技炉火纯青,在小虎子、慢慢、老师、妈妈四个角色之间灵活切换。

按理说,在懒妈高强度、高质量的指导下,慢慢应该能练就娴熟的冲突处理技术,被欺负时能有效保护自己。

事实却是——

活动课上,慢慢又被班上的小男孩打了。下课后,慢慢继续摆弄着上课玩过的教具,小男孩觉得这样不遵守秩序,不让慢慢玩。于是,小男孩大声尖叫着,把慢慢推倒了。慢慢哭着大声喊妈妈,彻底被吓到了,完全没有还击的姿态。曾演练过无数次的还击术统统失效,慢慢还是被人摁在地上摩擦,战斗力为0。

为什么呢?是懒妈方法不对,还是慢慢无药可救了呢?

其实,这种状态对于小朋友来说很常见。对于小朋友来说,知道和做到之间隔着一条"银河"。慢慢从知道被欺负了该怎么做,到他真的能做到,还有漫长的路要走。

填补知道和做到之间的天堑,靠的是实操,需要把一项技能掰开了、揉碎了,手把手地教,一对一地练。每当有了新的变量,都需要重新拆解步骤,重新操练。就像上面的慢慢,欺负他的人从小虎子变成小男孩,他就不会应对了,这就需要重新操练。

妈妈扮演慢慢,示范被人推之前喊出"不要推我";妈妈扮演小男孩,去推慢慢,慢慢实操练习稳住,喊出"不要推我"。

这样的实操练习要进行多少次，孩子才能独立有效地化解各类社交冲突呢？

从目标的角度来理解。独立有效地化解社交冲突意味着孩子能够友善待人、不卑不亢，既明白自己的需求，也理解对方的感受，能情绪稳定地分析问题，足智多谋地想解决策略，能条理清晰地跟对方谈判，而且独立自主不依赖。这样的目标别说对孩子，即使对大人来说，也不容易做到。

从孩子的角度来理解。不同的孩子，掌握不同技能需要的时间是不一样的。孩子 A 掌握技能 A 只需要练一次，孩子 B 掌握技能 A 可能需要练 100 次；相应地，孩子 A 掌握技能 B 可能需要 100 次，而孩子 B 掌握技能 B 只需要一次。

追问"要开展多少次实操孩子才能进行良好的社交"，其本身意义不大。

识别孩子每一次的卡点，捕捉孩子每一次的进步，发自内心地为孩子的进步高兴，这对孩子发展社交的意义更大。

很多时候，方法无效不是方法不对，而是实操不够。知道和做到之间，隔着一条"银河"。作为家长和老师，我们能做的不是埋怨孩子为什么还没有跨过那条"银河"，而是陪着孩子一起实操。每一次实操都是为知道和做到之间的桥梁，添加一块砖。

哈佛大学一项持续 85 年、跨越三代的研究表明：幸福快乐的终极秘诀只有一条——良好的关系。能够让人和人的幸福感拉开差距的唯一变量，是关系的质量。好的关系——包括朋友、亲人、爱人、陌生人——是幸福的必备。

接下来的章节聚焦社交技能的单项加强，为家长提供易落地的实操策略。社交这门课是关于通向幸福的课。我们每个人身体里，都潜藏着通向幸福的密码。帮孩子解锁幸福密码，整体优化孩子的社交环境，需要每位家长和老师理解并践行这 6 个原则：

分主次：情绪第一，问题第二。
辨价值：社交冲突是资产，不是负担。
判归属：分清是你的问题，还是我的问题。
理步骤：事前演练，当场示范，事后反思。
做练习：好家长就是好演员。
架桥梁：跨越知道和做到之间的"银河"。

人是高度社会化的物种，即使是内向的孩子，也能从良好的社交中获得快乐。对孩子来说，阻碍社交发展的不是不想社交的心态，而是暂时还没掌握社交所需的技能。

第 3 章

解码社交情境

上一章，我们已经了解了怎样整体优化社交环境。从这一章开始，我们将一一拆解 5 大社交能力、16 项社交技能，用案例、实操方法、趣味练习帮助家长有效提升儿童社交能力。这一章聚焦解码社交情境。

某天早上，我在教室里发布通知：今天去校园操场上收集树叶。一部分小朋友欢呼："耶，太好了！"他们热烈的回应背后的心理过程是：操场上有好多很好玩的设施（编码通知），能出去玩真开心（解码通知）。而另一部分小朋友摇头哀号："热死了，不要呀！"他们的心理过程是：外面热死了不好玩（编码通知），我才不要出去（解码通知）。

社交情境（social situation）指某一社交互动中所有相关的情况。在同一社交情境下，不同的人可能做出不同的社交行为，这个行为背后有两个心理过程：编码社交情境（encoding social situation）——探测收集社交信号并试图理解这些信号，并解码社交情境（decoding social situation）——基于自己理解的社交信号选择合适的回应方式。就像班里不同的小朋友面对同样的通知，作出了相反的反应。

编码和解码社交情境对于有效社交意义重大。如果我们探测不到社交信号，错误解读了社交信号，那么后续的所有社交行为一定会出现问题，而这种错误编码或错误解码社交情境的现象在儿童社交中非常普遍。这一章回到正确社交行为的源头，正确的编码和解码最容易产生误解的 4 个社交情境：分辨物品归属，分清社交距离，正确分享，正确轮流。

社交技能 1：分清我的 / 别人的 / 大家的

你身边是否有特别容易闯祸的孩子？晓霞的儿子浩浩就属于这种。

晓霞经常收到幼儿园老师和邻居的投诉。在幼儿园，浩浩动作太快，老师稍不留神，孩子已经闯祸完毕。以下都是老师曾经投诉过的内容：

同学带来孙悟空木质人偶，其他小朋友都伸长脖子凑着看，浩浩伸手就去抢，动作很快，一把就把孙悟空的胳膊拽下来了，同学气得哇哇大哭。

浩浩在积木区搭积木，把积木都扒拉到自己身边，旁边的小朋友伸手拿了一个方块，浩浩就一把推开小朋友。小朋友又一巴掌打在浩浩手上。两个小朋友开始扭打在一起。

图书区有一本书《猫》，按下按钮之后它能发出猫叫声，浩浩特别喜欢。一到自由选书时间，他就飞奔到图书角拿起《猫》，路上撞倒了几个小朋友。抢到《猫》之后，他也一直不撒手。

类似的冲突也经常发生在浩浩与邻居家孩子的交往中。在家里，他的动作也很快，稍不留神就能把架子上某个东西碰倒了。跟他说过很多遍，动作要慢，对其他小朋友要有礼貌，但孩子社交冲突的频率仍不见少。晓霞有时感觉自己养了个闯祸精，就像特别会闯祸的猫咪，听不懂人话还不间断地破坏东西。

遇到这种情况，很多家长会把孩子的社交问题归结为动作太快、没礼貌，因此，解决的思路：教育孩子动作慢一点儿，礼貌一些。如果孩子没学会，那就是自己说教得不够多，奖惩不够分明。于是教育力度层层加码，说教变成了吼叫，奖惩变得极端——做错了没收玩具，做对了奖励冰激凌。结果就是孩子不仅继续闯祸，而且也出现情绪问题,在家动不动就发脾气,掀翻椅子,或者扔手机。

为什么教育力度加码之后反而收到了反效果?从孩子的角度分析,我们就很容易理解。以"慢一点儿"这个要求为例。孩子知道自己要"慢一点儿",但"慢一点儿"到底指什么?慢多少才算慢?慢的时候手该怎么伸、脚要怎么放?慢看起来是什么样的?感觉起来什么样?学前儿童主要通过感知运动学习,需要实打实的动作和感知觉。如果家长仅仅停留在"慢一点儿"这几个字,不能把慢一点儿转化为具体的动作和感知觉,那么"慢一点儿"就是一句描述,空洞而抽象,儿童难以理解。

这里孩子的卡点不是不知道要"慢一点儿",而是不知道"慢"具体指什么,不知道该怎么做。孩子在解码"慢"这个社交要求时断档了,他们既不知道要做什么,也不知道怎么做,其结果也就注定做不到"慢"。加之他们总是达不到家长的要求,就会产生悠远绵长的挫败情绪,于是更难控制自己的行为。

要帮孩子正确解码"慢一点儿",需要家长进行更细致的分析,打破"不知道做什么,也不知道怎么做"的卡点。分析上文案例可以发现,浩浩跟他人的冲突集中发生在自己想要某个物品时。想要某个物品但动作莽撞的孩子,他们有一个错误的叙事逻辑:所拿即所有,即所有我拿到的东西就是我的。分不清物品的归属,孩子就会争抢物品,把东西先抢到手,然后像对待私有物一样对待到手的物品。

化解卡点的第一步是,孩子需要分清物品归属,分清这个东西是谁的——是我的、别人的,还是大家的。当孩子意识到拿到不意味着拥有,孩子也就不会动作莽撞地去争抢某个物品。

化解卡点的第二步是,帮助孩子理解面对不同归属的物品时,有哪些规则。

我的私人物品,我可以决定怎么使用。

别人的物品，要经过别人同意之后才能使用。

大家的共同物品，要轮流使用，一起爱护。

化解卡点的第三步是，带着孩子"事前演练，当场示范，事后反思"。

当孩子随意触碰爸爸妈妈的手机时，我们要告诉孩子：这是我的东西，没经过我的同意，请不要动我的手机。

当孩子抢别人玩具时，告诉孩子：这是别人的东西，只有经过别人的同意才可以拿，然后示范性地问其他小朋友"能给我玩一下吗"。

当孩子霸着电视遥控器不肯换频道的时候，告诉孩子：电视是家里所有人的，我们轮流使用，现在轮到我和爸爸选节目了，请把遥控器给我们。

这样分析下来，避免争抢物品的方法不是简单粗暴地概括为一句想当然的说教"慢一点儿"，而是把"慢"解码为：分清物品的归属，理解不同归属物品对应的不同规则，针对"我的/别人的/大家的"物品采用对应的行为。当"慢"被解码为某个场景下的某句话或某个动作，孩子就懂了"慢"的含义，再经过操练，他就能真正做到"慢下来"，做到礼貌待人。

分清我的/别人的/大家的，是孩子在幼儿园和小学阶段社交的第一课，也是老师们会反复"事前演练，当场示范，事后反思"的一节课。这一课教孩子分辨物品归属，理解不同的归属物对应不同的规则。这一课，能防止孩子们为了争抢物品而频繁发生冲突。

家长可以带着孩子做下面两个小练习来帮孩子"分清我的/别人的/大家的"。

小练习 1: 这是谁的

这个练习帮助孩子判断常见物品的归属。家长可以指着家里的各类物品问孩子"这是谁的",帮助孩子判断物品归属。以下物品的归属可能会引发争议:

放在盘子里的饭菜 vs 已经夹到自己碗里的饭菜

妈妈的手机 vs 用来上网课的平板电脑

鱼缸里的鱼 vs 家里的宠物 vs 阳台上的植物

问完"这是谁的",请不要纠结于孩子的答案。答案不重要,重要的是和孩子讨论物品归属的过程,帮助孩子理解物品归属的概念。

当孩子能够较好地判断家里物品归属的时候,就可以用对话的方式帮孩子理解班级和小区物品的归属。

物品	归属及用法
教室里的积木	
同学带到图书角的书	
小区的滑梯	
教室里唯一的吊车	这是谁的? 我们应该怎么用?
老师坐的椅子	
教室卫生间的水龙头	
游乐场的旋转木马	

小练习2: 我的礼貌加油站

分清物品归属之后,孩子需要学会常见的礼貌用语来防止争抢物品。其中最关键的三句礼貌用语如下:

"这是我的",用于其他小朋友未经许可来拿自己物品的时候。这句话可以防止孩子为了"护食",出手还击。

"能给我玩一下吗",用于想玩其他人的东西时。这句话能防止小朋友出手抢夺其他人的东西。

"轮到我了",用于应对某人霸占着公共物品不撒手的情况。防止争抢公共资源,维护公共物品使用秩序。

这三句话是孩子必备的礼貌用语,可以帮助孩子用合适的方式拿到自己想要的物品,避免争抢。

我班上曾经有一位小朋友,她把一个"复读娃娃"带到了教室里。只要按下按钮对着娃娃说话,娃娃就会用滑稽的卡通音重复小朋友的话。所有小朋友都眼巴巴地看着这个娃娃,请求娃娃的主人让自己玩一下。娃娃主人一边把娃娃藏在身后,一边说:"不行,这是我的,你们别碰。这个娃娃很容易按坏的,不能给你们玩。"拒绝了所有小朋友。

6岁的安安,也特别想玩那个娃娃。这时安安拿着教室里的沙漏,凑近娃娃主人,说:"给我玩一下好不好?就玩1分钟。你看沙漏漏完我就还给你。"娃娃主人看到安安手里的沙漏,犹豫了。安安接着说:"求你了,我保证轻轻地拿娃娃,肯定不会弄坏娃娃的。"他一边请求,一边拉着娃娃主人的胳膊甩起来。娃娃主人被逗笑了,然后说:"好吧,就1分钟。"安安开心地摆好沙漏，沙漏漏完之后，他恋恋不舍地把娃娃还给主人，并说了"谢谢"。两个小朋友都玩得很开心，一场高质量的互动就发生了。

这是运用三句礼貌用语达成目的的经典场景：主人有效拒绝了他人，安安成功获得了主人的许可。

我们知道，孩子需要经过大量练习实践，才能跨过知道和做到之间的"银河"。而现实中，家长容易盯着孩子的差距，而忽略了孩子的进步，进而觉得"教了很多遍，孩子就是学不会"。

礼貌加油站可以打破"家长常忽略进步"的倾向，记录孩子的每次进步，让家长和孩子聚焦于每一次的努力。每当孩子使用礼貌用语，用马克笔记录一竖，统计一段时间使用礼貌用语的次数。刚开始可以由家长记录，后面则可以由孩子自己记录。家长可以指着加油站，数一数这个月用了几次礼貌用语，帮助孩子看到自己过往的努力。就像汽车加满油就跑得远，礼貌加油站积累了足够的竖棒，孩子就能成为有礼貌的小朋友。

社交技能 2：分辨社交距离

5 岁的土豆总欺负其他小朋友。

同学在教室里安静地看书，土豆会好奇地凑近去看同学的书，同学觉得不舒服想躲开，土豆就干脆抱着同学，不让走。同学被抱得难受，委屈得哭了起来。

操场上，一个比土豆高一头的哥哥跟在土豆后面爬坡，爬上坡后，哥哥与土豆靠得很近，土豆反手就推了哥哥一把，差点把哥哥推下小坡。哥哥上来就要教训土豆，要不是土豆爸爸护着，土豆肯定被哥哥揍惨了。

土豆不仅招惹其他小朋友，对长辈也一样没分寸。有时爷爷想抱抱他，他会一巴掌向爷爷扇去，或把爷爷的手推开，显得很没有礼貌。土豆的爸爸妈妈怀疑他有暴力倾向。

7 岁的依依则恰好相反。依依是学校里的小透明，听老师话，很乖，说话细声细语，被伤害了也不出声。

有一次，依依坐在教室地板上，有同学在依依旁跳来跳去，不小心踩到了依依的手指。依依疼得眼泪在眼圈里直打转也不说，反而藏起被人踩到的手指，装作什么都没发生。要不是老师火眼金睛看到整个过程，大家还以为是依依做错了事情，不敢告诉大家。

还有一次班级活动做苹果酱，大家学着用刀削苹果皮。依依旁边的孩子离她太近，碰到了依依的手，导致依依手一滑，被刀划破了手指。依依马上把流血的手指藏在背后。后来助教老师发现了依依手指上的血迹，依依这才跟老师说明了原委。

我们身边有很多小朋友，或者是像土豆那样的冒失鬼，四处惹祸；或者是像依依这样的胆小鬼，任人揉搓。他们在社交里似乎总是麻烦不断，或者欺负人，或者被欺负，很难和其他小朋友和谐共处。面对这种情况，家长往往会教育冒失鬼"你小心点儿啊，不要推别人"，教育胆小鬼"你勇敢点儿啊，受伤了要说出来"，结果通常不如意。

社交中的冒失鬼和胆小鬼们，不是不够小心或不够勇敢，而是缺失了一项关键社交技能——分辨社交距离。无法分辨社交距离的儿童，不知道正常的社交距离。他们容易侵犯他人的社交界限，在社交时越界，或者不能保护自己的社交领地，在社交时受委屈。他们容易误把贴人当亲近，错用推人表拒绝，误把忍受当友善，就像土豆和依依这样。

社交距离（social distance），指个人与他人之间在社交场合中应该保持的物理距离。疫情防控期间，这个词出现频率极高，随处可见"保持社交距离"的提醒。什么样的社交距离才是合适的？30厘米？2米？对于0~12岁儿童来说，这不是一个容易理解的概念。一来他们对于长度的度量理解不准确，二来不同场合下的适宜社交距离确实也不一样。

在国际幼儿园，老师一般会教小朋友，双手叉腰转一圈，然后把双肘形成的圈画在地上。圈里是我的地盘，我说了算，别人进入我的地盘令我不舒服，我有权要求对方退出。圈外是别人的地盘，别人说了算，进入别人地盘之前我要经过许可，进入时动作要慢，如果对方反对我需要退出。

回到本节开头的场景，我们可以这么告诉土豆：

"你直接进入其他小朋友的地盘，让其他小朋友不开心了。如果你想靠近，可以问问小朋友：'我能坐在你旁边一起看吗？'"

"哥哥离你太近，你觉得不舒服，可以告诉哥哥'请走开一点儿'，但是不能用手推哥哥。"

可以这么告诉依依：

"其他小朋友在你的地盘里动来动去，就有可能伤害到你。没有得到你的同意，别人不能进入你的地盘。其他人闯入时，你可以大声说'请走开'。"

双手叉腰转一圈的方法，把小心和勇敢的期待具体为一个可感知的安全距离，为小朋友划定了一个开展社交的安全圈，既保护小朋友不被干扰，也防止小朋友干扰他人。社交距离是幼儿园社交的第二课。

社交距离的重要意义，还在于为两个更复杂的社交打下地基：社交信号、社交界限。

社交信号（social cues）：指人们在与他人交往中使用的语言或非语言信号，以传达他们的意图或情感。这些信号包括肢体语言、面部表情、声音调整和身体姿势。例如，如果一个人在与你交谈时保持眼神接触并微笑，这可能表明他对你感兴趣且友善。

社交界限（social boundaries）：指一个人在与他人交往时所保持的自我保护机制，相当于一个人的社交边界。社交界限因人而异，取决于文化、性格和个人偏好等因素，且很多时候不明确。例如，泰国人很少在公共场合表现出亲密举动，会认为在商场里牵手亲吻是越界行为，而美国人却不这么觉得。再如，有的人希望客人脱鞋之后再进家门，而有的人则不需要客人脱鞋。如果你不清楚对方的社交界限，自以为是，不脱鞋直接走进对方家里，那你就可能越界。

读不懂社交信号的孩子无法正确解读他人的行为，频繁打破社交界限。他们社交边界模糊，不知道不同场合下应采用什么样的社交行为，难以恰当回应他人，行为突兀、招人反感。这样的孩子容易被孤立、排斥，让人感到格格不入，极易被贴上"怪胎"的标签，难以发展高质量的互动。

当孩子进入小学之后,社交距离就不再是简单的双手叉腰转一圈的物理距离,而是融合了社交信号和社交界限的复杂性。家长需要教会小朋友解读社交信号,尊重别人的社交界限,捍卫自己的社交界限。

当打通社交信号及社交界限的"任督二脉"之后,孩子的社交质量会突飞猛进。

玲玲是我教过的六年级小朋友,她很热心,经常帮助他人,但同学们不太喜欢她,玩游戏时不带她,说悄悄话时躲着玲玲。同学们都觉得她"怪怪的",而玲玲则觉得同学们不领情、故意针对自己。后来,班里转来一位新同学,坐在了玲玲前面。

有一次数学课上,新同学没有带练习册,玲玲马上递上自己的练习册,说"用我的",她自己则和同桌挤着看一本练习册。新同学感激地对玲玲说"谢谢"。下课后,玲玲马上很近地凑到新同学旁跟她说话。新同学刚到新环境,陌生又紧张,一边吞吞吐吐地回应着,一边往远离玲玲的方向挪动。而玲玲却没有捕捉到新同学回避的表情和肢体动作,新同学挪开一点儿,她就凑近一点儿。

下午课间时,玲玲需要用记号笔,但她没带,她抬头看到新同学的桌子上放着一支集合多个色号的记号笔,就直接伸手拿走了记号笔。新同学看到了,说:"把笔还给我。"玲玲不高兴了,说:"我都借给你练习册了,你为什么不借给我记号笔?"新同学想解释,又因为怕被说小气不敢说,一张小脸涨得通红。玲玲也没看出新同学的窘迫,一边用着记号笔,一边说:"我就用一下。"

经过这两件事,新同学不再和玲玲说话,看到玲玲也默默躲开,跟其他同学看到玲玲的反应一样。玲玲在班里很孤单,渴望友谊而不得,常常挫败、生气。

玲玲的行为就是典型的忽视社交信号，错用社交界限。她急切地想与他人互动，却没有根据他人的反应及时闭嘴；她觉得借东西时应该礼尚往来，却看不出对方没有同样的期待；她不知道拿别人东西之前要经过对方许可。她频繁突破他人的社交界限，因此被他人远离。

我观察到玲玲的情况后，给了玲玲两个任务：

1. 新同学和其他人说话时，观察他们的距离是多少厘米，并把观察到的结果记录在一张表上。

2. 统计班里所有人是否都愿意把自己的钢笔借给别人，并询问原因。

做完任务之后，玲玲恍然大悟，跟我说："老师，原来新同学不喜欢别人离她太近，别人如果靠近她50厘米以内，她就后退。老师，我还发现，超过一半的同学都不愿意把钢笔借给别人，因为钢笔头容易坏，他们怕钢笔被弄坏。"

我笑着对玲玲说："如果你经常观察，就能像这次一样发现很多有价值的社交信号，帮助你交朋友。这个任务可以持续进行，过一个月，你再看看新同学的社交距离是否有变化。你也可以统计下，不愿借钢笔的同学是否愿意外借尺子呢？"

玲玲点点头，自言自语："老师，其他人的想法，很多和我不一样。"很快，我发现玲玲和新同学成了朋友，她们在课间开心地聊天，而每次玲玲都离新同学有一段距离。当玲玲开始有意识地训练自己观察、解读社交信号，并保持社交边界后，玲玲和其他同学的互动明显多了起来。期中班干部选举中，新同学推举玲玲做生活委员，理由是玲玲乐于助人，这个提议也得到很多同学的认可。玲玲自己也没想到会得到同学的认可，从那之后，她便更主动地去观察同学之间的互动。

一般来说，儿童会通过观察模仿周围人的社交活动而习得社交规则。比如，在电影院时，孩子发现周围人都很安静，他意识到自己不能发出声音，这时孩子就通过观察模仿习得了"电影院不得喧哗"的社交规则。这种习得过程对一些孩子来说自然顺畅，对另一些孩子来说则磕磕绊绊，就像玲玲这样。

支撑社交规则习得过程的是孩子解读社交信号并识别社交界限的能力。不管孩子习得社交规则的过程多么曲折，有效的练习都可以让孩子的习得过程更为顺畅。

下面两个练习非常适合家长带着小朋友完成。

小练习1：冰冻人游戏

准备一个蓝色的球，用于冰冻；一个红色的球，用于解冻。游戏参与人分为三组，持蓝球的人一组，持红球的人一组，剩下的是自由人为一组。

持有蓝色球的人把蓝色球送入对方的社交圈，并喊"冻住"，自由人就被冻住，不能动。这时需要持有红球的人为被冻住的人解冻，解冻方法就是将红球送入对方的社交圈。社交圈是叉腰转一圈的距离之内。

如果被冻住的人更多，则蓝色球组领先；如果自由跑动的人更多，则红色球组领先。

这个游戏适合4人及以上共玩，可以在任意空地上玩。在冰冻人游戏里，球离太远，就无法冷冻和解冻。这种冻住和解冻的过程，可以帮孩子理解社交距离的概念。升级玩法可以增加一条规定：冷冻和解冻时，球不能碰到对方。这个升级规定要求参与者聚焦在社交圈之内而又不能触碰对方，对自控能力、判断距离的能力非常有帮助。

类似的游戏还有：

接力赛。规定每个人在传递接力棒时必须保持至少一臂长的距离，这可以帮孩子用灵活的思维理解不同情况下的安全距离。

木头人。音乐响起时随意舞动，舞动过程中不能碰到任何人，音乐停止时则变成木头人。这个游戏能帮孩子关注人与人之间的距离，并控制自己不越界。

小练习2： 社交侦探

社交侦探鼓励孩子像侦探一样观察周围人的社交活动，帮助孩子基于观察和思考理解社交距离，识别社交信号，保持社交边界，运用社交规则。

侦探游戏不鼓励孩子偷偷摸摸躲在角落监视别人，而是像侦探一样关注他人的行为，以及行为带来的后果。当孩子有了足够的观察和思考，不需要家长的说教，孩子也可以自主提取社交规则，并调整自己的行为。

下面这个模板可以帮孩子展开观察并记录。家长可以帮助孩子制定特定的观察主题，鼓励孩子在不同场合进行观察，比如学校、超市、电影院、家里。

以玲玲的观察记录作为例子。

观察主题：新同学和其他人的互动

谁	做了什么（行为）	接下来发生了什么（行为带来的后果）
我	头贴到新同学的肩膀上	新同学挪开了
班长	和新同学保持半个胳膊的距离	新同学和班长说了好多话
我	拿走记号笔	新同学说"把笔还给我"，并满脸通红
同桌	询问新同学，能借给我记号笔吗	新同学说"这是妈妈从日本带给我的礼物，你要小心点儿用"
……	……	……

观察结论：

1. 新同学不喜欢其他人离她太近。我不能离新同学太近，最好保持半个胳膊的距离。

2. 新同学不小气，但是很在意别人弄坏她的记号笔。借东西之前先询问。

社交技能 3：分享

前面提到的 4 岁"闯祸精"浩浩，在妈妈晓霞的帮助下学会了区分我的/别人的/大家的，动作慢下来了，闯祸次数也减少了，但有一个情况依然困扰着妈妈晓霞，那就是浩浩不愿意分享。

浩浩的妹妹刚满 2 岁，浩浩很少把自己的东西给妹妹。

学校中秋节举办活动，小朋友会带零食到学校和大家共享。晓霞准备了像糖果一样包装好的牛肉粒，告诉浩浩："这是给活动准备的，这样一颗一颗的，方便分享，记得分给同学。"结果活动后老师反映，浩浩喜欢吃别的小朋友带的零食，自己的牛肉粒就只顾着自己吃。

有一次，浩浩带了玩具在小区里玩，其他小朋友也想玩他的玩具，他不分享，小朋友就在旁边看着，最后都生气地走了。还有一次，有个小朋友生气地说他是"小气鬼"。

别的孩子来家里玩，浩浩也不愿分享，这个不让碰，那个也不让别人碰，弄得小客人很不开心。

妈妈晓霞的困惑在于，她自己经常引导浩浩分享，如果浩浩做到了会奖励他，但是效果不大。浩浩的同学和小区里的小朋友，都觉得他小气，不爱跟他玩。不爱分享这一行为，干扰了浩浩社交的开展，怎样才能让浩浩主动分享呢？

学习分享的第一大拦路虎就是"操之过急"。

在我收到的一百多条关于孩子不肯分享的咨询里，超过 50% 的孩子不满 4 岁。很多家长期待着孩子能说话就能分享，类似的情况在美国也存在。美国权威育儿网站"ZERO TO THREE"在一项全美家长调查中发现，43% 的家长认为孩子 2 岁之前应该学会分享。

3 岁之前的儿童，其自我意识还在发展中。他们很大程度上通过归属权来建立自我意识,"我有故我在"。同时,"自我中心化"的他们还会觉得"所见即所有"——我看到的东西都是我的。所以,如果你看到一个2岁的学步儿抱着爸爸的平板非说是自己的,那不是他自私,而是他通过拥有某物证明自己是个独立的个体。

3岁前孩子的时间观念也很弱。对他们来说,现在拿走一样东西就是永远拿走。他们想要的东西必须"现在,立刻,马上"获得,他们还不太能理解"等一会儿就还给你"。

一般来说,3岁前的孩子还不懂分享,让3岁前的孩子分享是很难的。

3~6岁,随着孩子进入幼儿园,过上集体生活,社交范围扩大,自控能力增强,他们需要学会分享,以便开展健康的互动。这时的分享以外部诱因为主,即在成人的示范引导和鼓励下,做出分享的举动,同时他们也能在外部诱导的分享行为中体会到分享的好处。"我把兔子玩偶跟朋友分享之后,我们一起玩过家家,挖兔子洞,这比一个人更好玩,我下次还应该分享。"

如果以上两个阶段发展顺利,6岁后的孩子就会自发地分享自己的一些私人物品了。

而真实情况却是,很多家长期望过高,期待6岁前的孩子分享,而且要自发地、积极地分享。过高的期待让父母戴上"孩子立刻马上自觉分享"的滤镜,在这层滤镜下,孩子的分享是理所应当的,孩子的"护食"行为就让人失望,而失望容易演变为给孩子贴上"自私、没礼貌、只顾自己"的标签,并进一步发展为对自己教育的焦虑与自责。在这样的滤镜下,家长过于关注孩子不分享的行为,而对孩子分享的行为无动于衷。孩子更愿意做出家长关注的行为,当家长把80%的注意力投射到不分享的行为上时,孩子反而不自觉做出不分享的行为。这就是为什么家长期待越高,孩子越往期待的反方向发展。

分享的第二个拦路虎是"目中无娃"。不尊重孩子的物品所有权，不理解孩子对稀缺品的在意，不接纳孩子的感受。

物品的所有权是分享的基础。孩子知道了物品的归属——这是我的、别人的，还是大家的，才有把"我的东西"分给别人的"分享"概念。"我的东西"意味着我有处置物品的权利。令人遗憾的是，很多家长会无意中破坏孩子的物品所有权，比如任意拿走孩子的物品，在孩子明确说了"不分享"之后仍孜孜不倦地劝导其分享。物品所有权经常被破坏的小朋友，对物品的归属很模糊，不理解"这是我的"，也就难以分享给你。

每个人心里都有一个稀缺品清单，稀缺品难以获取，没人愿意分享。我一个朋友喜欢收集设计精巧的笔，他的每一支笔都是他收藏的稀缺品，所以他从来不外借笔。孩子眼里的稀缺品可能是稀松平常的一颗石头、一块蛋糕，很多家长不理解孩子稀缺品对孩子的特别意义，常说"不就是×××嘛，有什么稀罕的"。孩子会觉得自己的宝贝随时可能被拿走，很难自发地分享。

还有很多孩子不愿意分享，是因为担心东西借出之后被弄坏、弄脏、弄丢。这种担忧合情合理，只不过孩子难以言说。如果接纳孩子的担忧，有效疏导，孩子就能放下担心。反之，如果总说"别担心啦"去否定孩子的感受，担心会一直横在孩子心头，阻止孩子分享。

一次我在公园，看到了这样的场景：

一位家长带着俩娃——哥哥和弟弟，他们一人拿着一个冰激凌开心地吃着。哥哥想尝一下弟弟的冰激凌的口味，弟弟大方地说："就吃一口。"哥哥开心地说"好"，然后就伸手去拿弟弟的冰激凌。弟弟说："不行，我拿着你咬一口。"哥哥不愿意，说："你拿着我怎么咬？"兄弟俩僵持不下。

弟弟可能担心哥哥把冰激凌打翻了，担心哥哥吃多了，担心哥哥不还冰激凌。家长没有听出弟弟的担忧，上来就说："你都答应哥哥可以吃一口了，要遵守承诺，把冰激凌给哥哥。"弟弟满脸委屈地把冰激凌给了哥哥，哥哥一手一个冰激凌，果然不小心把弟弟的冰激凌打翻在地。我想可怜的弟弟，很长一段时间都不愿再跟哥哥分享冰激凌了。

经过我的分析，浩浩妈妈也恍然大悟，开始反思自己的行为：

牛肉干是他最爱吃的零食，因为怕影响到他吃正餐，平时家里也都是限量供应，这样稀缺的零食他可能想留着自己一个人好好享用。

我发现浩浩喜欢玩的东西都易损耗，组装汽车丢一个零部件就组装不起来了。他有很多彩色橡皮泥，很容易混色。之前妹妹弄丢过一个汽车零件，他念叨了很久。他不让妹妹和小客人碰他的玩具，可能是怕他们把东西弄坏了。

在小区里被小朋友喊"小气鬼"，他其实心里也很难受。我当时很失望、生气，更不应该说"你自己不分享，活该被人说"这样的话，没有尊重他的感受。

其实，浩浩偶尔也会跟妹妹分享。可能是因为我期待他次次分享，只注意到他不分享的时候，而忽视了他分享的时候。

12岁前，孩子的社交问题很多源自不愿分享、不会分享、不会拒绝。当我们清除了阻碍孩子分享的两个拦路虎"操之过急"和"目中无娃"，孩子分享的意识和行为就会自然发展。孩子可以在自然的社交中反复体会分享的好处、不分享的坏处，也会在家长的言传身教下养成分享的习惯。12岁前孩子的社交问题很多是因为不愿分享、不会分享、不会拒绝导致的。分享是健康社交所必备的技能。

家长能做的是践行"好家长就是好演员"原则，多扮演正确分享的角色，在日常生活中自然引导孩子的分享行为。

1. 把其他人的分享行为指给孩子看，肯定并夸赞。比如："我看到玲玲今天把她的变声鸭分享给其他小朋友玩，其他小朋友可高兴了。玲玲真好，我也想和玲玲做好朋友。"

2. 当孩子想用大人的物品时，示范分享话术。比如："你想用妈妈的口红吗？这是妈妈的。不过我愿意分享给你用一下，看到你高兴，我也高兴。不过你只能在嘴巴上画。"

3. 请求孩子把物品分享给大人。比如："能把你的奥利奥分给我一片吗？"

4. 示范礼貌地拒绝。比如："不行，这杯饮料不能分享给你。里面含有咖啡，小朋友不能喝咖啡。等下次喝无咖啡饮料时我再让你尝。"

5. 肯定孩子为分享做出的努力及其取得的进步。比如："今天妹妹要拿你的 3D 打印笔，你犹豫了很久，是不是怕妹妹弄坏了？但你最后还是让妹妹摸了你的 3D 笔，妹妹可开心了。你可以教妹妹怎么用，妹妹学会后就不会弄坏 3D 笔了。"

以下两个小练习带着孩子做，可以帮助孩子更好地内化分享的习惯。

小练习 1： 如果不分享，×××会有什么感受？

"×××会有什么感受"是促进儿童共情的经典问题。研究表明，在孩子决定是否帮助陌生人之前，如果问一句

"如果你不帮他,他会有什么感受",那么孩子帮助这个陌生人的概率会大大增加,因为这个问题把孩子代入了求助者无助的感受中。

该研究结论也在我的教学中得到了反复验证。当我问出"如果你不分享,他会有什么感受"后,班里大多数孩子在考虑一会儿后,会自发做出分享的行为。这个问题帮助孩子换位思考,让孩子体会到他人被拒绝后失望、难过的感受。

建议提问时,采用否定句开头。这依据于心理学上的"损失厌恶"理论,即人们对损失的厌恶程度大于对相同收益的喜爱程度。比如:同样是100元钱,丢了100元后感受到的痛苦,要大于捡到100元后获得的快乐。"如果不分享"引发损失体验,"如果分享"引发收益体验。"如果不分享,×××会有什么感受"激发的感受,通常比"如果你分享了,×××会有什么感受"更强烈。

小练习2:我的分享清单

这份清单帮助孩子确认自己的所有权,降低对物品损耗的担忧,预设分享情境,能促进孩子主动分享物品,也能帮家长理解孩子对每个物品的分享意愿,为关于分享的深入沟通打下基础。用好这份清单,很多家长可能会发现,孩子其实没我们想象的那么不愿意分享。他们只不过不想分享稀缺的、易损耗的物品，不想分享给不喜欢的人。

我们可以鼓励孩子用说或写的方式，列出自己在意的东西。用"√"和"×"为每件物品设定一个分享值，"√"越多表示越愿意分享，"×"越多表示越不愿意分享。对于标记了"√"的物品，可以进一步列出愿意分享的对象。

例如，9岁的笑笑列出的分享清单是这样的：

物品	分享值	分享给谁
奥特曼卡片	×	
奥特曼手办	√	家人、朋友
零食	√	家人，不给弟弟
桌游	√√	所有认识的人
玩具枪	×	
积木套装	×	
……		

根据这份分享清单，我和笑笑进行了这样一段对话：

我："零食为什么不愿意分享给弟弟？"

笑笑："弟弟也不给我吃他的零食，从来都不给，特别小气。"

我:"如果弟弟把他的零食给你,你是不是就愿意分享了?"

笑笑:"那当然了!"

我:"你觉得有什么方法能帮弟弟学会分享零食?"

笑笑眼睛滴溜溜地转了两圈,说:"那我用我的零食跟他交换呗!"

我:"我觉得这个主意特别好!"

我:"为什么愿意分享奥特曼手办,但是不愿意分享奥特曼卡片呢?"

笑笑:"手办不会弄坏,卡片可容易弄丢了。我好不容易才收集了这么多卡片,都快集齐了,如果丢了,我又要重新收集,多麻烦。"

我:"你说得好像很有道理。"

我:"为什么不愿意分享积木?"

笑笑:"积木已经丢了几块了,都搭不出图片上的样子了,再弄丢就不好了。"

我:"其实,不一定非要搭出图片上的样子,你用差不多的积木替代就行了。而且如果每次用完后把积木收到盒子里,一般不会丢。分享不会弄丢积木,不收拾才会弄丢。"

笑笑:"那我还是愿意分享的。"他想了想,把积木旁边的"×"换成了"√",并写下"家人、朋友"。

社交技能4：轮流

我家所在的小区有一个儿童区，配有秋千和滑梯，是小区里小朋友最爱的地方。每天傍晚，儿童区都聚着一群小朋友。我经常带两个干儿子去那里玩滑梯，见过很多小朋友开心玩耍的场面，也见过很多冲突。

有两个场景，让我印象深刻。

场景一：一个4岁左右的小朋友在荡秋千，来了一个大孩子说："我也想玩。"小朋友就像没听到一样，继续玩秋千。过了一会儿，大孩子又跑过来说："我们轮流吧，我玩一会儿就给你玩。"小朋友还是占着秋千。大孩子没放弃，过了一会儿，又跑过来说："轮到我了。"小朋友依然不听，独自占着秋千玩。过了十多分钟，小朋友玩累了，去喝水。等他喝完水回来，发现秋千被大孩子占了。小朋友当场撒娇跺脚，哭着要玩秋千。大孩子没有理小朋友，小朋友等了很久也没有再玩到秋千。

场景二：还有一次，也是4岁左右的小朋友在开心地玩滑梯。他正准备沿着梯子走上去，这时走过来两个七八岁的孩子，一下插到4岁小朋友的前面。小朋友愣在原地，什么也没说。妈妈对他喊："没事儿，你排在哥哥后面就行了。"他就沿着梯子走上去，刚刚靠近滑梯，滑完一圈的大孩子又跑上来插到小男孩的前面。小男孩着急了，就伸手推了前面的哥哥。哥哥没防备被吓到了，回头就打了小男孩的胳膊。小男孩哭了起来，妈妈马上过去，把小男孩牵下滑梯，说："我们不玩这个了，去别的地方玩。"说着就把哭着的小男孩抱离了现场，再也没有回来。那个两次插队的哥哥继续玩滑梯。

场景一反映了小朋友轮流意识的发展过程。

2岁前孩子的轮流意识尚未发展。孩子的社交发展有限，很少参与轮流，不理解轮流的重要性。但是这个阶段的孩子已经开始模仿成人的轮流行为，比如跟着爸爸妈妈在餐厅门口排队。

2~3岁是轮流意识的萌芽期，孩子开始意识到轮流是一种社交规范。然而，他们自控能力差，常常霸占想要的东西。这个阶段需要家长的约束和指导，孩子才会轮流使用公共物品。

3~5岁是轮流意识的关键发展期。随着入园，孩子的社交圈扩大，他们的社交技能取得了很大进步，能更好地理解轮流的概念，开始在游戏和活动中实践轮流，但轮流行为还不稳定，需要成人的提醒和引导。

5岁以后是轮流意识的稳定期，孩子能深入理解并践行轮流的规则。基本上，这个阶段的孩子能自觉轮流，如在课堂讨论、游戏、活动中耐心等待自己的机会；对于破坏轮流规则的行为很反感，有时多管闲事，有时有过激反应。

场景一中的孩子，刚4岁多，仍处于轮流意识的关键发展期。这个年龄段的孩子能够在频繁的社交中明白规则：公共物品要轮流使用，参与活动要轮流进行。如果大家都抢着玩一个秋千，那谁也玩不到；如果大家都抢着说话，那谁也听不到大家的话。但是到了真正让出自己心爱的物品时，他们依然容易耍赖。他们也很容易体会到不轮流的后果，就像场景一里的小朋友那样：不让其他小朋友坐秋千，那么其他小朋友也不会让他坐秋千。对于处于轮流意识关键发展期的孩子，家长需要提醒和引导孩子学会轮流。

场景一里小朋友妈妈后来的做法，让我很欣赏。当孩子想玩秋千，而大朋友不让他玩的时候，他跑去找妈妈，让妈妈帮他把秋千要回来。妈妈说："那不是你的秋千，是所有小朋友的秋千。如果你不轮流，其他小朋友也不会让你玩。"小朋友马上边哭边跺脚："我就要玩秋千，呜呜呜，就是我先抢到的。"妈妈什么也没说，只是看着孩子哭闹。等孩子不哭了,她才平静地重复:"下次你如果愿意给大姐姐玩,大姐姐也会给你玩秋千。"任凭小朋友怎么跺脚哼唧,妈妈都没有满足小朋友不合理的需求。妈妈平静坚定的回应,让小朋友充分体会了不轮流的自然后果。我想下次只要成人稍加提醒,这个小朋友自然就会在被请求轮流时做出轮流的举动。

然而,在真实的互动里,很可能存在这种情况:自家小朋友遵守了轮流的社交规则,而其他小朋友不遵守。遇到这种情况,该怎么办呢?要帮助自家小朋友吗?要教育其他霸道的熊孩子吗?要支持自家孩子维护轮流秩序吗?当孩子问"他们为什么不排队""为什么他们不排队还能玩更多次"时,我们要怎么向孩子解释?

不同个性的家长以及不同个性的孩子,对于上述问题会给出不同的回答。如何做,没有标准答案。我们不用纠结于寻找一个万全之策,而是聚集核心目标——能帮孩子学会轮流,开展高质量的社交。我们借助上文的滑梯场景,展开细致的分析。

场景二里,自家孩子两次被熊孩子插队,还被打到胳膊,妈妈从头到尾的反应可以概括为"和事佬",本着避免冲突的原则,能回避就回避,回避不了就躲开。表面上看,这维持了一团和气,防止了冲突升级。但从孩子的角度看,孩子被带离冲突现场时,内心的认知是这样的:"我礼让哥哥,却被两次插队""哥哥那么霸道,却能一直玩想玩的滑梯;我轮流了,结果一次都没玩到""我没做错什么,还被人打了,都没人帮我"。在这样的认知下,孩子要么越来越凶,拼命争抢;要么越来越怂,回避冲突。一味回避熊孩子,显然偏离了核心目标。我提倡,遇到不遵守规则的熊孩子,家长采用以下4个方法:

宁当裁判员,不做和事佬。人倾向于回避冲突,但作为家长,我们要意识到冲突是资产,不是负担。抓住冲突现场,做一次正确回应,胜过事前事后的多次碎碎念。儿童依赖成人对各种行为作出

"是非"判断，如果成人的判断不明确，儿童对社交界限的理解就模糊。家长要当裁判员，需要对不同的行为作判断，明确说出这个行为"对/不对"，帮助孩子学习"是非对错"。比如：当孩子被哥哥插队了，妈妈说"没事儿，你排后面就好了"，这句话很模糊，好像是在说"插队也没事儿"，那孩子对插队这种行为就比较困惑；如果换成"哥哥插队的行为是错的，你可以先让他一下"，就能帮助孩子判是非，防止孩子学习错误行为。

示范"防熊术"。遇到熊孩子，一味忍让解决不了问题。比如，小朋友第一次被插队时的礼让，反而让熊孩子变本加厉。推人或打人的肢体回击也解决不了问题，就像小朋友第二次试图用推人的方式维护自己的利益，结果却被哥哥打了，反而受到更多伤害。正确的"防熊术"是用语言解决问题，教孩子大声说出"排队"，既表达了坚决捍卫自己利益的态度，也防止了以暴制暴的冲突升级。在孩子学会使用语言之前，家长可以做孩子的"嘴替"，大声告诉插队的小朋友"请排队"，现场示范"防熊术"。

给孩子底气。自家孩子被熊孩子欺负时，很多家长特别不愿意教育熊孩子，原因可能有下面几种：一是担心被人说"手伸太长，以大欺小"；二是担心对方家长不讲理，自己吃亏；三是怕破坏邻里和气；四是缺乏解决问题的信心和技能。由此就觉得惹不起躲得起，反正打得不重，最后拉着孩子离开。换个角度看，这不是要不要下场教育别家孩子的问题，而是面对霸道行为所应有的态度问题。家长的态度决定了孩子的底气。家长总是躲，孩子自然弱；家长勇敢迎上去，孩子才敢强。家长对霸道行为不卑不亢的态度，给了孩子保护自己的底气。

上面场景二中，如果家长能在自家孩子被哥哥打了胳膊之后，作出如下反应，我相信孩子下次会更有底气维护自己。

家长坚定地告诉哥哥:"打人是不对的,请你给弟弟道歉。"

哥哥:"是他先推我的。"

家长:"推人是不对的,弟弟也需要为推人的行为道歉。现在我们先解决打人的问题。打人了需要道歉。"

哥哥道歉之后,家长可以再对自己的孩子说:"你不希望哥哥插队,可以大声说'排队',但是不能推人。推人的行为是错误的,你也需要给哥哥道歉。"

一个有底气的孩子,不仅可以不卑不亢地维护自己,也能勇敢地维护身边的朋友,勇敢地维护社交规则,这就是领导力的雏形。

教孩子理清问题归属。很多家长会被孩子问:"为什么他可以插队?""为什么他可以推人/抢玩具/吐口水?"这是无法避免的问题。我们先来看看面对这个问题,有哪些常见的无效回答。

"不知道。"三个字背后无所谓的态度,助长了孩子想学错误行为的蠢蠢欲动的念头。

"因为他太着急了/太生气了吧。"孩子问的不是错误行为背后的原因,而是"为什么其他人可以做错误的行为,而你不让我做?这不公平"。这样回答,反而像是给错误的行为找理由,把错误行为合理化了。

"他们不礼貌/他们没教养/他们的爸妈没有好好教过他们。"这是恶意揣测。我们不能因为某人的某个行为就给这个人贴上标签。这么做,很容易导致孩子有样学样,给别人贴标签。

合适的回复是怎样的呢?我概括为"判断行为,善意揣测,理清归属"。

"插队是错误的。公共物品就要轮流用。他还在学习怎么轮流,这是他的问题。你的问题是想更早玩到滑梯,那么你下次可以早点来。"

这样的回应，把孩子从"感到不公平"的死胡同里拉了出来，给行为作出明确的对错判断，为孩子提供了一个善意的视角去看待他人，也指明了孩子自己的问题，并帮孩子想到解决问题的正确方法。

如果我们能及时提醒孩子轮流，面对其他孩子不轮流的行为能勇敢做裁判员，示范"防熊术"，给孩子底气，教会孩子理清问题归属，那么每一个孩子就能遵守轮流的社交规则，能正确地维护自己的利益，进而在社交时不卑不亢。

下面这个小练习，可以帮助孩子内化轮流的意识。

> **小练习：** **家庭流动岗**
>
> 家庭流动岗可应用于两种场景：一为家务分配值日表；二为特权享受轮流表。小朋友在家庭的轮流活动中学习体会：责任我们应该共同承担，权益我们可以共同分享，轮流让"共同"的过程顺畅且公平，让家庭生活更有序、温馨。
>
> 下图是家务值日表的例子，展现了一周每一天每位家庭成员承担的家务。可以根据家庭成员的实际情况进行调整。
>
> 示例：

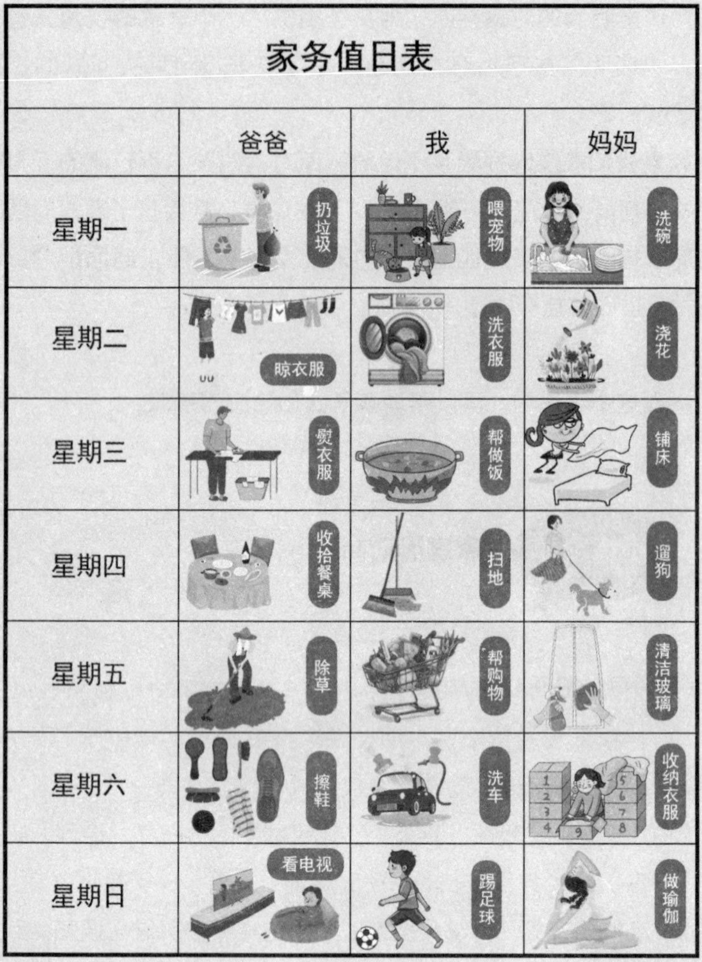

家务值日表			
	爸爸	我	妈妈
星期一	扔垃圾	喂宠物	洗碗
星期二	晾衣服	洗衣服	浇花
星期三	熨衣服	帮做饭	铺床
星期四	收拾餐桌	扫地	遛狗
星期五	除草	帮购物	清洁玻璃
星期六	擦鞋	洗车	收纳衣服
星期日	看电视	踢足球	做瑜伽

图 1

下表是特权享受轮流表的例子。家人每享受一次特权，就在表上画一条竖线。根据大家已经享受特权的次数来决定这一次轮到谁享受特权。比如，爸爸已经决定了 5 次电影，这一次该轮到妈妈决定了。

特权享受轮流表

特权	轮流情况			
	爸爸	妈妈	我	弟弟
决定电影	ⅠⅠⅠⅠⅠ	ⅠⅠ	ⅠⅠⅠⅠ	ⅠⅠⅠⅠ
决定周末活动	Ⅰ			
决定零食		Ⅰ	Ⅰ	Ⅰ
决定聚会餐厅	ⅠⅠ	ⅠⅠ	ⅠⅠ	Ⅰ
……				

第 4 章

进行坚定的沟通

当老师和家庭教育指导师的这些年，我常常被问："孩子被欺负了，怎么办？""孩子被排挤了，怎么办？""孩子独来独往，怎么办？"这些问题的本质其实是怎样帮助孩子在社交中受欢迎。

我通过多年教学发现，班里受欢迎的孩子有一些共同的沟通风格：他们通常能清楚表达自己的诉求，说话时语气坚定、眼神稳定，能维护自己的边界，愿意为他人考虑，能果断拒绝冒犯行为。

这种沟通风格可以被总结为坚定的沟通（assertive communication）。坚定的沟通，被称为关系成功的关键。近几年的多项研究表明，坚定的沟通能为浪漫关系、家庭关系、职场关系带来众多好处。在职场中，坚定的沟通对于管理者不可或缺，它能提升自尊、改善决策。对儿童来说，尽早教儿童坚定沟通可以帮助孩子建立自信、有效表达、化解冲突、维护友谊。

坚定的沟通被定义为直接、清晰、礼貌地表达自己的一种沟通方式，这种沟通既充分考虑自己的需求，也充分照顾他人的需求。与坚定沟通相对的是：

被动的沟通（passive communication），太少考虑自己，过多讨好他人。

强势的沟通（aggressive communication），过多考虑自己，忽略他人感受。

既被动又强势的沟通（passive aggressive communication），既不能自信考虑自己，也不能有效考虑他人。

如果我们用对自己的考虑程度作为横轴，用对他人的考虑程度为纵轴，那么这四种沟通风格在坐标轴里是这样的：

被动的沟通 ● 不能有效表达自己 ● 沉默寡言，声音小 ● 自己的需求未被满足 ● 受委屈、被忽视、欺负 ● 变得疏离、讨厌他人	**进行坚定的沟通** ● 直接、清晰、礼貌地表达自己 ● 采用合适的语言、语气、眼神 ● 坚持自己且尊重他人 ● 自信、平静、愿意妥协 ● 友善待人待己
既被动又强势的沟通 ● 表达了却像没表达 ● 常用挖苦、讽刺 ● 纠结困惑、言行不一 ● 否定问题、回避冲突 ● 慢性骚扰、伤害他人	**强势的沟通** ● 以自我为中心、过度表达自我 ● 常用"你……"句式，声音大 ● 忽略他人需求，打断、埋怨他人 ● 常常生气、挫败 ● 用威胁他人满足自己的目的

纵轴：对他人的考虑（高↑低）
横轴：对自我的考虑（低←→高）

图 2 沟通风格坐标图

为了方便儿童理解和学习，这四种沟通风格可以用动物来形象表示。

被动沟通的人就像乌龟，总是把头缩在龟壳里。他们害羞胆小，不爱说话，不敢表达自己，也不敢说"不"。他们表面看起来很安全，但经常委屈自己，也会错过很多机会。乌龟的口头禅是各种肯定词"行，哦，好，可以"，如"你说了算，我都行"。

强势的沟通就像狮子，只顾自己，称王称霸，喜欢控制，攻击性强。脾气大，爱生气。声音大，爱甩锅。他们好像很有威严，其实周围人都躲着他们。他们没有朋友，很孤单。他们的口头禅是各种"你……"句式,如"你按我说的做,不然就别玩了"。

既被动又强势沟通的人就像狐狸,说一套做一套,善变,拧巴。我们永远不知道狐狸真正在想什么,有什么感受。他们表面看起来很友好,其实挺招人烦。明明在乎别人的评价,却装作不在乎。狐狸的口头禅是各种语气词和转折词"哇,哼,哎呀,不过,可是,但是",如"哇……可以呀,但是我不确定……"

坚定沟通的人就像猫头鹰,聪明,平静,友善,有主见。他们能维护自己,也能尊重他人。他们说话直接、清晰、有力。和他们沟通很轻松,你也愿意信任他们。周围的人喜欢和他们玩。他们的口头禅是各种"我……"句式,如"我不想玩捉迷藏,你想一起踢足球吗?"

沟通风格	看起来	听起来	内心独白
被动的沟通	1. 常常低头,眼神往下 2. 声音很小,话少 3. 动作慢 4. 躲藏回避	1. "好/行/嗯,你来定" 2. "好的,怎样都行" 3. "好吧,我听你们的" 4. "他们不会听我的" 5. "没关系,我不想惹麻烦"	没人在乎我的需求,没人倾听我的想法和感受,说了也没用
强势的沟通	1. 翻白眼,瞪眼睛 2. 声音很大,语速快 3. 爱教训人 4. 用手指别人	1. "你按我说的做,不然就别玩了" 2. "你的想法很蠢" 3. "你不听我的,怪你" 4. "你不可以这样" 5. "你必须这样" 6. "我知道怎样最好"	这个世界我说了算,你们都要听我的,不听我的我就撒娇、耍赖、欺负你,反正没人能管我

（续表）

沟通风格	看起来	听起来	内心独白
既被动又强势的沟通	1. 眼神飘忽不定 2. 语气阴阳怪气 3. 说一套做一套	1. "哇，哼，哎呀，不过，可是，但是" 2. "可以啊，但别人可能不同意" 3. "做得不错，可惜这里有个小错误" 4. "当然可以按你说的来，（悄悄说）蠢死了"	直说肯定没有用，我就拐弯抹角、扭扭捏捏、哼哼唧唧，说不定还能达成我的目的
坚定的沟通	1. 恰当的眼神接触 2. 平静且坚定的语气 3. 舒展稳定的肢体 4. 自控，分享，妥协	1. "我不想玩捉迷藏，你想一起踢足球吗？" 2. "我觉得很难过，因为你不能和我们一起玩" 3. "我听到你说……" 4. "这样行吗？" 5. "我们一起想办法吧"	每个人都有价值，每个人都值得被尊重。好好说话就能解决问题。回避、吼叫、发脾气是没用的

图 3 沟通风格动物图表

帮助儿童学会坚定的沟通方式，有很多种方法。

我建议优先采用示范法，也就是家长以身作则，践行坚定的沟通，充分倾听孩子的需求，坚持自己的原则，直接、清晰、平静地表达自己，对冒犯说"不"，愿意解决问题。如果家长做到了以身作则，那么孩子就能潜移默化地活体打印这种让人终身受益的沟通方式。

同时，也建议家长带孩子做坚定沟通的练习。研究表明，有效的练习可以有效帮助孩子学会坚定沟通。这一章把"坚定的沟通"拆解为 4 个具体的社交技能和 10 个趣味活动，方便家长和孩子一起日常练习。

社交技能5：为自己挺身而出

有一次，我在公园陪干儿子玩旋转盘。大圆盘上有一圈座位，小朋友们围坐成一个圈，被自愿站在转盘下面的小朋友推着转圈。如果有人觉得晕了，就喊"停"；如果有人想上旋转盘，也喊"停"，旋转盘停止的时候小朋友就可以上下转盘。有时坐转盘的小朋友会喊"快点儿"，让推转盘的人快点儿推，不过一般"快点儿"之后很快就换来其他人喊"慢点儿"。干儿子在转盘上玩得不亦乐乎。

我注意到，旁边一直站着一位小朋友，他满脸期待地小声嘀咕着"太好玩了"，又不敢说"停"，一个劲儿拽着家长。他的家长则在旁边做工作：

"你喊'停'就行了，喊'停'转盘就会停下，你就可以上去了。"

"你看刚才那个姐姐喊'停'之后就上去了，姐姐真棒！"

"我相信你可以做到，我数123，你就喊'停'好不好？"

最终，耐心的引导变成了埋怨：

"你为什么不说话呢？"

"就是说个'停'字，有那么难吗？"

"唉，你这么胆小怎么行？胆小就没得玩。"

家长机关枪一样说了一长串，孩子始终一言不发。我带着干儿子离开的时候，这个小朋友还站在转盘旁，已经开始抹眼泪了。

这个孩子的需求很简单：想玩转盘，想请妈妈帮忙喊"停"，以便转盘停下，自己上去。为什么小朋友始终无法说出自己的需求，宁愿一个人抹眼泪？

表达自己是坚定沟通的第一步。对儿童来说，表达自己意味着勇敢说出自己的感受、想法、需求，相当于在社交里为自己挺身而出，进而满足自己的需求。不能为自己挺身而出的儿童就像上面故事里的小朋友，无法说出自己的需求，玩不到渴望的转盘。

是什么阻碍了孩子表达自己？孩子不表达，原因有二：不想说，不会说。上面的场景里，孩子个子高，能说话，并非不会说"停"这个字。那原因就只能是不想说。为什么不想说？家长的一句话揭示了答案："别看我，我不会帮你说的，这次帮你了，下次怎么办？我总不能一直陪你吧！"孩子明白就算自己说了"你帮我喊'停'"，家长也不会帮他，那何必费工夫跟家长说自己的需求。

如果面对家人都不想说出需求，那么面对转盘上的陌生人，孩子就更难说出自己的需求，哪怕说出这个需求只需要一个简单的"停"字。

上文中妈妈的沟通是典型的狮子式单向输出。单向输出的家长习惯用自己的语言来指挥孩子的言行，只要孩子没做出令人满意的言行，他们就孜孜不倦地引导、教育、命令。他们看不到孩子的卡点，听不到孩子的感受、想法、需求。面对单向输出的家长，孩子会"封印"自己的表达能力。孩子只有听从命令的体验，没有通过表达满足需求的体验，自然就不知道表达是解决问题的第一步，所以习惯性沉默，"封印了自己的表达能力"。

遗憾的是，面对孩子的沉默，狮子式沟通的家长往往认为孩子胆小、没出息，难以忍受，于是加码单向输出，各种劝说、利诱、指责，试图撬开孩子的嘴。可惜，家长越用力，孩子越是习惯性沉默。孩子什么都不跟家长说，通常是从家长说得越来越多开始的。

狮子式单向输出的家长，其孩子容易形成乌龟式的被动沟通，因为孩子在家长的单向输出里形成了这样的认知：没人在乎我的需求，没人倾听我的想法和感受，说了也没用，那我就不说了。

可以想象到，上面故事里的孩子，不仅说不出自己的需求，也很难表达自己的想法和感受。

他的想法可能是：

"妈妈,这次你帮我喊停,下次我再自己说。"
"上次我喊停了,他们都不听。"

他的感受可能是:

"人多,我有点儿害怕,不敢喊'停'。"
"声音太吵了,我耳朵难受。"

不管孩子的想法和感受是什么,只要他说出来,我们就可以找到解决问题的办法。我们可以顺着孩子的思路谈判、讨论、疏导、关怀,在对话里一一化解孩子的卡点。

"这次我先帮你喊'停',下一轮你自己喊'停',拉钩。"
"上次可能大家都没听到,你大点儿声。没事,你先喊,大家没听到的话,我再帮你喊。"
"小朋友都喜欢转盘,所以这里人多,来,我牵着你的手给你传一点儿能量,然后你喊'停',好不好?"
"捂住自己的耳朵,你就不会被吵到了。"

其实,最终孩子喊不喊"停"不重要,玩不玩转盘也不重要,重要的是你们是否有这样的有效交流,让孩子觉得"你看,妈妈听我说了,妈妈在帮我想办法,妈妈挺我"。这种"妈妈挺我"的底气就是孩子勇气的来源,给孩子注入源源不断的信心,帮他去面对成长中那些胆小、害羞、无助的时刻。这样的交流多了,总有一天,"妈妈挺我"的底气会转化为孩子为自己挺身而出的底气,进而勇敢说出自己的感受、想法、需求。

对于害羞的孩子来说,从"家长挺我"到"为自己挺身而出"

的道路可能非常漫长。不管这条道路有多长，责怪、埋怨、批评的单向输出只会让孩子进一步退缩。**我们需要克制自己的喋喋不休，多听孩子内心的感受、想法、需求，把单向输出转化为双向交流。**

多年过去了，这个转盘场景仍令我记忆犹新，那个抹着眼泪不敢说话的孩子让我想到自己的童年经历。那一年我11岁，在儿童节那一天，和爸爸妈妈去公园玩。我开开心心地上了转盘，然而推转盘的人动作太猛，转盘转得飞快，我感觉天旋地转、肠胃翻涌、喘不上气。我喊"停"，但是推转盘的人哈哈大笑、推得更猛，好像在故意捉弄我。接下来，我不敢再喊"停"，只能死死抓住转盘的把手，防止被甩出去。

不知道过了多久，推转盘的小朋友累了，转盘终于停下了，我摇摇晃晃，已经不能走路。买东西回来的妈妈看到后，把我抱下转盘。我当场干呕，眼泪、鼻涕糊了一脸。妈妈说："你难受怎么不喊妈妈呢，如果我听到你的喊叫，一定会去收拾那个小朋友。他太过分了！"我忽然就不那么难受了，有一种"你看，我妈妈挺我"的底气。从那以后，只要是玩转盘，我就提前对推转盘的小朋友说："我喊'停'，你就要停，不然我告诉我妈妈。"之后，再没人敢把我坐的转盘推太快。当我体会过一次为自己挺身而出的好处之后，我就爱上了勇敢表达。

不敢为自己挺身而出的孩子，可能有两种表现：一种是无法说出自己的感受、想法、需求，就像玩不到转盘的孩子，属于乌龟式被动沟通；另一种是有话不直说，扭捏哼唧，属于狐狸式既被动又强势型沟通，就像下面这个孩子。

有一次我到朋友家做客，正好赶上朋友的女儿芒果上芭蕾课。平时学芭蕾很积极的芒果突然不愿意去上课了，朋友耐心地问："为什么不愿意去？"

芒果说:"就是不愿意去嘛!"再问就是"累死了,当然不想去"。

"那你以前上芭蕾课都很开心呀!为什么今天就累了?"芒果不说话,也不肯穿大衣出门。

朋友只好进入猜谜模式:"是不是太冷了,不想出门?"女儿摇头。

"是不是芭蕾班上有同学欺负你?"女儿摇头。

最后,芒果被妈妈架着到了芭蕾教室门口,芒果探头看了一眼教室里的老师,转身就走。

朋友感觉问题可能跟芭蕾舞老师有关,就问:"老师批评你了?"芒果点点头。

"为什么批评你?"

"上次劈叉没劈下去,老师吼我了,其他小朋友都看我笑话。"

"那我跟老师打声招呼,让老师说话声音轻一点儿,你先去上课吧!"

芒果马上眉飞色舞地点点头,开开心心地走进了教室。

朋友的整个沟通过程耐心且温柔,但我总觉得哪里不太对。果然,等孩子上完芭蕾课,我们去约定的日料店吃饭。因为比较晚了,朋友拿过芒果手里的菜单,说:"有点儿晚了,再不点单店里就下班了,妈妈直接点吧!"芒果"哼"地一噘嘴,也不说话。

餐食陆续上来了,芒果一个劲地喊"烫""辣",朋友就一直帮孩子吹食物,或者用茶水涮食物。一碗乌冬面已经被吹凉了,芒果还说烫;烤鳗鱼明明没有辣味,芒果却说辣。

我一眼看出芒果肯定另有所图,忍不住问:"那又烫又辣,怎么办?"

芒果说:"用冰激凌凉一凉嘴巴才行!"

我问:"想吃冰激凌你为什么不直说?"

芒果说:"直接说没用,妈妈肯定会说冬天吃冰激凌不好。"

芒果能够表达自己,可是不愿直说,而是扭扭捏捏、吞吞吐吐,顾左右而言他,让你猜。这是典型的狐狸式沟通——既被动又强势。语言上温柔随和,什么都行;行动上强势抵触,不情不愿。他们常正话反说,回避冲突,心口不一,前后矛盾。他们既不能放弃自己的需求被动躺平,也不会只顾自己的需求强势攻击,而是会陷入一种既想自己样样好也想周围每个人样样好的纠结状态,在做自己和顾他人之间摇摆不定。芒果在上文中的表现是典型的既被动又强势的沟通。这种类型的沟通是否让你想起一些让你不舒服的场景,比如:

一起去餐厅,点餐前说"你们点就行,我随意",上餐后却"这个菜不新鲜,那个菜盐太重",把菜批了个遍。

"晚一点儿最好,不过下午3点也没问题呀,我们3点见",见面前10分钟,"哎呀,不好意思!我要晚一点儿,稍等我一下啊"。

"我很喜欢这个礼物,我一直想要一个吹风机,你怎么这么了解我",然后转身就把收到的吹风机挂在二手平台上。

如果别人用既被动又强势的方式跟我们沟通,那我们一定会觉得非常累,因为要时刻猜测对方:"这哥们儿是认真的吗?他到底想要什么?"

对于儿童来说,既强势又被动的沟通,通常是这样的:

不想去游泳课不直说,而是找借口:"我肚子有点儿疼。"

想吃冰激凌却不直说,而是拐着弯说:"这个口味的我们班好多人都说好吃,我还从没有吃过呢!"

习惯用狐狸式沟通的小朋友,也很容易被其他孩子描述为"很怪、很烦",从而被疏远、排斥。

既强势又被动的沟通方式,大多来源于孩子这样的认知:"直接说没有用,变着花样说指不定还能达到目的。"就像芒果,对于上芭蕾课,她的需求是"请妈妈帮忙告诉老师——不要批评自己,留足面子",但她觉得"如果直说,妈妈就会盯着自己的问题,不停质问,偏离目的。言不由衷把事情闹大之后,妈妈为了让她乖乖上课,就会在时间紧迫的情况下,代替自己跟老师沟通,从而实现自己的需求"。事实上,她这种既被动又强势的沟通方式让她成功实现目标。所以,吃日料的时候她又故技重施,希望通过顾左右而言他的沟通方式,打乱妈妈的阵脚,让妈妈给自己点冰激凌。可以想象,芒果平时也经常用狐狸式沟通,并实现了自己的目的。

要让孩子将乌龟式被动型、狐狸式既被动又强势的沟通方式,转变为猫头鹰式坚定的沟通,需要我们帮孩子做好坚定沟通的第一步——勇敢直接地表达自己,为自己挺身而出。这就需要我们忽视孩子的回避和拐弯抹角,清晰直接地回应孩子。当孩子内心独白变成"直接清晰地说话会被听到,能帮我实现需求,回避和拐弯抹角是没用的",他们就愿意开启坚定的沟通。

帮助孩子为自己挺身而出,具体可以采用以下两个练习:

小练习1: 五感倾听法

乌龟式沟通的孩子和狐狸式沟通的孩子,有一个关键的错误认知,那就是"我直接说了也没用",他们的卡点在不想说。

孩子形成这种认识,家长可谓"功不可没"。试想一下:我们是否曾急于达成自己的目的,而忽略了孩子的感受、想法、需求?是否曾因被孩子缠得心烦意乱,而随便答应孩子的请求以息事宁人？

面对孩子的不敢反抗，很多家长只想着达成让孩子勇敢防卫的目的，一味教导"你喊'停'呀，你打回去呀，你告诉老师呀"，忽略了孩子的真实想法和感受，令孩子仅存的沟通意愿消耗殆尽。

面对孩子买冰激凌、吃饼干、看动画片的需求，很多家长一开始都坚定拒绝，后来在孩子的拐弯抹角里败下阵来，最终让孩子狐狸式沟通得逞。

如果家长充分倾听，听取孩子的真实需求，在孩子好好说的时候合理满足，在孩子错误表达时坚决拒绝，孩子很快就能形成"好好说话才能解决问题"的认知。这种认知会促使孩子自信地表达，在遇到困难时一次次为自己挺身而出。

说到底，家长愿意听，孩子才愿说；家长会回应，孩子才会说。

家长需要提升自己的倾听能力。很多家长会说："我觉得我听了呀，可是好像还是摸不清孩子的真实感受、想法、需求。"

原因在于我们只听到了孩子的话语，却遗漏了孩子的话外音。对语言尚在发展的儿童来说，话外音是孩子主要的表达途径。五感倾听法，可以帮助家长和孩子有效倾听，不仅听懂对方的话，也听出话外音。

五感倾听法，指聚焦于孩子当下的状态，全面调用我们的听觉、视觉、感觉、嗅觉、味觉，去捕捉孩子当下透露的信息。

以芒果吃日料的场景作为例子，如果只是听孩子的语言，那么我们听到了芒果一直抱怨"乌冬面太烫了，鳗鱼太辣了"。如果用五感倾听法，会得到下面的信息：

芒果妈妈的五感倾听表

五感	信息
听到了什么	芒果反复说"乌冬面太烫了，鳗鱼太辣了"
看到了什么	芒果一直用眼睛瞄菜单，并没有看自己的食物
感受到了什么	焦急：日料店快下班了，外面又冷，赶快吃完回家 烦躁：好不容易跟朋友一起见面吃饭，芒果怎么这么闹
闻到了什么	烤鳗鱼的香味
尝到了什么	乌冬面已经冷了，鳗鱼鲜甜可口，一点儿也不辣

借助以上信息，芒果妈妈会发现芒果的心口不一，察觉自己的焦急和烦躁，能捕捉到芒果惦记菜单上的某样东西。顺着这个思路问芒果，很快就能发现芒果的话外音是想要冰激凌。

接下来就可以把芒果拉回到坚定的沟通，直接说出芒果的意图，坦诚地告诉芒果"直接沟通才能解决问题，回避或者拐弯抹角没用"。

我和芒果后续的沟通是这样的：

我："如果你想点冰激凌，你应该一开始直接告诉我们，咱们可以商量。用烫和辣当借口是不行的，妈妈解决烫和辣的问题浪费了时间。你还想吃冰激凌吗？"

芒果点点头。

我："那你直接说出请求，我们可以商量。"

芒果说："能不能给我点一个冰激凌？"

朋友说："你先把碗里的面条和鱼吃完。吃完后，我们点一个冰激凌三个人分享，好吗？天冷了，咱们少吃一点儿冰激凌，你来选口味。"

芒果开心地答应了。

我故意对着芒果说："你看，直接说就可以吃到冰激凌。刚才绕了那么大弯还吃不到，白辛苦。"

五感倾听法是幼师们的必备技能。这个方法能训练我们的细致观察，察觉自己情绪，扫描整体情况，读取话外音；能帮我们准确识别孩子们每句话、每个眼神、每个动作背后的真实诉求，帮我们准确地判断出孩子说出"不行"时，是因为自己不会做、不想做，还是故意说反话气老师，或者是试探老师的底线……

我能一眼看出芒果在芭蕾舞教室门口的言不由衷，以及在日料店的心口不一，也得益于日常教学中开展的五感倾听法训练。如果家长在脑海里储存一张五感倾听表，调用自己的五感去倾听，也能拥有一双看透孩子的慧眼。

家长不仅可以践行五感倾听法，也可以带孩子使用五感倾听表，帮助孩子更好地倾听。

比如：芒果认为自己劈叉下不去，被老师吼了，还被同学看笑话，可以引导她用五感倾听表去听懂老师的话语及话外音。

芒果的五感倾听表

五感	信息
听到了什么	老师说："用力，用力，你可以下去，上次你已经劈下去了。""再用力一点儿。"
看到了什么	老师的手放在自己腿上，同学们都劈下去了，有人回头看老师和自己。
感受到了什么	老师蹲着，一手轻轻扶着自己的肩膀，一手轻轻压自己的腿，老师的嘴巴离自己的耳朵很近。 困惑和挫败：为什么上次下去了，这次没下去？ 不好意思：感觉其他人在笑话自己。
闻到了什么	无
尝到了什么	无

利用上面这张五感倾听表，妈妈提问，芒果回答，之后妈妈把芒果的回答整理到表格里。整理完之后，朋友把表格给芒果看，芒果看着表，自己就开始说："其实老师也没有吼我，因为老师离我很近，她的声音听起来很大。老师就是想让我快点儿劈下去。"朋友说："我觉得你讲得很有道理。"芒果继续说："其他小朋友也没有一直看我，他们是在看着老师的方向。是我自己觉得不好意思。"

在用五感法倾听之前，芒果被困在困惑、挫败、羞愧的隧道里，被自己的情绪主导，感觉周围人都在针对自己；利用五感法倾听之后，芒果走出了情绪隧道，看到了广阔的天地，也理解了老师的真实意图。

小练习2：万能的"你……"问题

乌龟式沟通和狐狸式沟通的孩子另一个卡点是不会说，他们没有充足的词汇和句式准备去表达自己的感受、想法、需求。在这种情况下，就需要家长搭一个脚手架，帮孩子梳理思绪，整理语言，表达自己。最实用的脚手架是"你……"问题，也就是用"你"开头，直接询问孩子的感受、想法、需求：

"你觉得怎么样？"

"你在想什么？"

"你想要什么？"

回到本节开头坐转盘的场景，面对不敢喊"停"的孩子，如果家长把一味的输出换成"你……"问题，耐心询问孩子："你觉得怎么样？""你在想什么？""你想要什么？"我想，结局就不会是孩子失望又委屈地流着泪，眼巴巴地看着转盘。

在芒果的场景里，当妈妈察觉到芒果不愿上课吞吞吐吐时，也可以及时用"你……"问题把芒果拉回直接沟通的轨道："肯定要去上芭蕾课的，你需要妈妈做什么？"

我在课堂上经常遇到这样的场景：

一个小朋友跑过来告状，委屈急促地说了10分钟，"他先推我的，我摔倒了，然后我还手了，他又打我。他以前就经常欺负我……"恨不得把之前的旧账全部翻一遍。

我通常会问："现在你想要什么？"

小朋友往往会愣住，然后开始认真思考，最后发现好像不管他说什么也改变不了已经发生的事实，于是大声说："哼！我想要他道歉。"

"那你应该怎么做？"

小朋友就会自己跑过去大声对"肇事者"说："请道歉。"

绝大多数情况下，一句"你……"就能把孩子从抱怨指责的无效宣泄里拉回来，切换到坚定沟通的频道，清楚陈述自己的需求。

社交技能 6：有善意也要有盔甲

我所在的班里有两个总陷入麻烦的小朋友：瑞瑞和乐乐。

瑞瑞总是埋怨其他人，经常与他人发生肢体冲突。他想要的东西就会一直霸着，直到自己玩够了才给别人。他特别喜欢站在队伍的开头，会找准各种机会插队，从不理会其他小朋友的不满。别人不小心碰到他，他会过度防卫，打回去。他的口头禅是"就是他们的错""谁让他们惹我的"。我问瑞瑞："你可以说'请道歉'，为什么要打回去？"瑞瑞说："反正他们打不过我。"

瑞瑞就是典型的小霸王，蛮横霸道，缺乏共情和尊重。很多家长会觉得，至少瑞瑞不会被欺负，不吃亏。事实上，瑞瑞被全班同学排斥，这种排斥造成的后果就是瑞瑞想跟别人玩的时候被拒绝，只能自己一个人玩；在班里他也没有朋友，挫败沮丧、闷闷不乐。表面上看瑞瑞在冲突里占到了便宜，实则吃了大亏。

乐乐则是另一种极端。

有一次班里做自画像活动，我要求小朋友画出自己的样子，并要求有清晰的五官。为了让脸部特写的效果更逼真，我给每个小朋友发了一支肉粉色的油画棒，用来给脸部上色。肉粉色的油画棒是稀缺品，数量有限，每人提前发一支，避免大家争抢。

活动结束时，小朋友都高兴地把自己的自画像贴在作品墙上，唯独缺少乐乐的。我一看，乐乐的自画像上整个脸的部分还没涂色，只画了头发和脸的轮廓。平时很积极的乐乐也不好意思地红着脸，说不出话。我一问才知道，旁边的小朋友未经许可就拿走了乐乐的肉粉色油画棒，导致乐乐没法给脸上色。

我问乐乐："你想让油画棒被人拿走吗？"

乐乐："不想。"

我继续问："不想的话，为什么不把油画棒要回来呢？"

乐乐："要回来他就没有油画棒了。"

我："可是不要回来，你就没有油画棒了呀，怎么办呢？"

乐乐不说话了，一个劲儿地揉搓着衣角。

别人未经许可拿了他的油画棒，他不反对，反而替别人着想。这体现了乐乐的典型社交场景：被冒犯时不敢拒绝，误把忍让当善良。

乐乐的善良并没有换来其他小朋友的善意，相反，其他小朋友觉得反正乐乐不会吭声、不会抗议，就随意冒犯。乐乐常常被人拿走东西，被插队，被人推撞，被安排他不喜欢的角色，是班里典型的受气包。乐乐没有修建自己的社交界限，别人可以长驱直入。如果一个人的善良没有盔甲，别人看到的就只是软弱。

占了小便宜吃大亏的小霸王是典型的狮子型沟通者，误把忍让当善良的受气包是典型的乌龟型沟通者，他们都很难有高质量的社交。频繁发生的社交冲突，经常让他们陷入挫败、愤怒、迷茫的情绪，不仅影响心情，也干扰社交，拖累学习。儿童有一种与生俱来的单纯的快乐，大多数情况下，健康发展的儿童其情绪体验都是积极的。但小霸王和受气包们，很多时候都不快乐，有着与年龄不符的忧郁气质。

为了健康地社交、成长，小霸王需要学会善意，受气包需要长出盔甲，这在坚定的沟通里被概括为"坚持自己且尊重他人"。这可能是最有挑战的一点。要做到这一点，孩子们需要以下底层能力的支撑：

清晰认识自我：我是谁，我的需求是什么，我的界限是什么，我的感受是什么。

充分认识他人：他是谁，他的需求是什么，他和我的关系是什么，他会有什么感受。

共赢思维：在我的需求和他的需求之间寻找双方都可以接受的共赢区间。

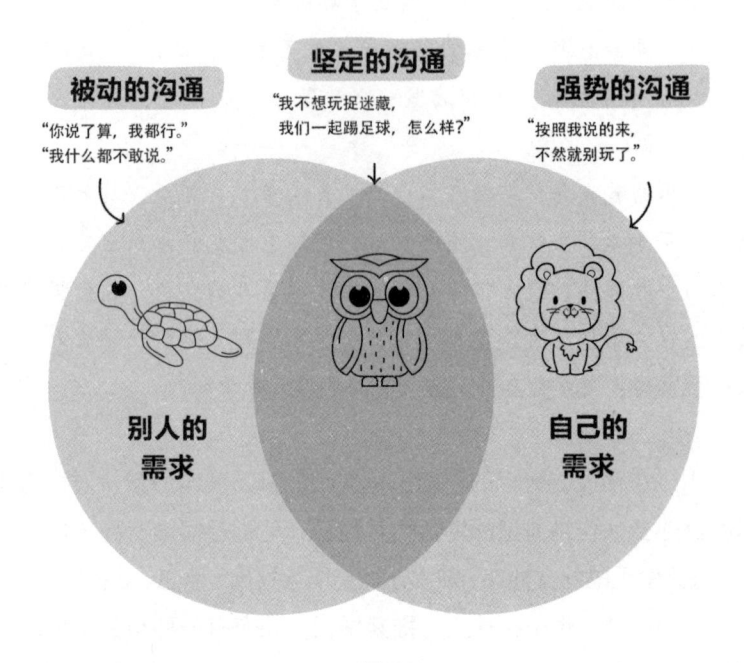

被动的沟通
"你说了算，我都行。"
"我什么都不敢说。"

坚定的沟通
"我不想玩捉迷藏，我们一起踢足球，怎么样？"

强势的沟通
"按照我说的来，不然就别玩了。"

别人的需求

自己的需求

图 4

日常生活里，不被尊重的孩子很容易困在乌龟的圈里，只能看到别人的需求，不敢表达自己的需求，成为受气包。被无原则满足的孩子则容易困在狮子的圈里，只看到自己的需求，被自己的情绪支配，忽视别人的感受，成为小霸王。

我们要帮助儿童找到两个圈的交集，也就是共赢区间，走入猫头鹰式的坚定沟通。怎么做呢？可以采用下面两个练习。

小练习1："我……"句式

家长使用"我……"句式能直接、清晰、平静地表达自己的感受、想法、需求。想要用好"我……"句式，我们需要知道"我……"句式的反面是怎样的。

一种是指责。以瑞瑞的故事为例，"你怎么又插队？""跟你说过多少次了，你怎么就是不听？""你这样会让别人讨厌的，知不知道？"指责式的回应用"你"开头，对人不对事，聚焦点在于否定瑞瑞这个人，而不是谈论插队这个行为，每句指责都给瑞瑞贴上"不听话，惹人烦"的标签。对于这种指责，孩子的本能反应就是抵触，通过抵触对个人的否定来寻找自己的价值。指责式回应的后果通常是孩子我行我素，家长束手无策。

一种是惩罚。如"你再插队，下次就不带你来这玩了"，把插队和某种痛苦的后果联系在一起。这种回应能够收到暂时的效果，孩子为了避免痛苦的后果在短期内当着家长的面不再插队。但是因为孩子没有理解为什么插队是错误的，不理解自己行为和后果之间的逻辑联系，不能内化不插队这项规则，所以当家长不在现场时，孩子的插队行为可能会更严重。这种孩子很可能表面上屈服于家长的惩罚，在家里是乖宝宝，在学校就闹翻天。

一种是放任。对于插队行为视而不见，孩子没有受到约束，就会把插队视为理所当然。

还有一种是暴力。如拉扯孩子，揍孩子一顿，或者语言辱骂。这种情况下，孩子不但改不了插队的坏习惯，反而容易习得暴力，在学校里以暴力待人。

回到前文中的瑞瑞案例。经过了解我发现，瑞瑞家长的教育方式，就是根据自己的心情在以上四种方式之间随意切换，导致瑞瑞对自己的情绪和行为基本失控。

对于瑞瑞这样的小霸王，用"我……"句式回应是这样的：

"我觉得很失望，因为你明知道不可以插队，但还是插队了。"

前半句清晰平静地表达了"我"的感受，后半句让瑞瑞意识到"我"的感受是因他的行为而起，并不是对瑞瑞的个人攻击。

即便是像瑞瑞这样社交问题很严重的孩子，"我……"句式依然能起到明显的效果。通常我这么说，瑞瑞不会顶嘴、翻白眼，而是会陷入沉默。

我继续采用"我……"句式：

"我知道你其实很想跟其他同学玩，我很想帮你。你遵守规则，其他同学才愿意和你玩。"前半句清晰直接地表达我的想法和立场，后半句描绘瑞瑞期待的美好场景。一般说完这句话，瑞瑞就开始低下头。

"我希望班里的每个小朋友遵守规则。在咱们班，插队的人需要排到队伍最后，撞到其他同学需要道歉。现在请你站到队伍最后，也请你道歉。"前半句直接表达我的需求，后半句重申了班级公约：每个小朋友都需要为自己的错误行为承担合理后果。

这个公约由全班同学讨论确定，大家都认可，且后果没有超出瑞瑞承受的范围。这种情况下，瑞瑞已经没有动力再抗拒。他乖乖站到队伍最后，低头对撞到的同学说"对不起"。

"我……"句式，能直接、清晰、平静地表达家长的感受、想法、需求，是用来回应孩子行为的万能句式，可以概括为三个金句："我觉得……""我认为……""我需要……"。"我……"句式一方面为孩子示范了正确的自我表达，避免孩子滞留在乌龟的圈里；另一方面，防止家长基于情绪处理问题，避免孩子滞留在狮子的圈里。

"我……"句式是猫头鹰式沟通最典型的特征之一。在与孩子沟通时，家长可以多用这三个金句，也应该鼓励孩子多使用这三个金句。

如何利用"我……"句式帮孩子在更多场景下采用猫头鹰式沟通，具体可以参照下面的表格。

场景	猫头鹰式沟通	乌龟式沟通	狮子式沟通
其他人不小心踩到自己的脚	"我的脚很疼，请你道歉。"	不说话	"你没长眼睛吗？瞎了吗？"
	我的感受：疼，平静	我的感受：委屈，疼	我的感受：生气
	对方的感受：不好意思，抱歉	对方的感受：不知情	对方的感受：生气，讨厌自己

(续表)

场景	猫头鹰式沟通	乌龟式沟通	狮子式沟通
同学玩游戏的声音太大，打扰了自己写作业	"我需要写作业，请你们小点声。"	悄悄捂住耳朵	"你们吵死啦，都给我闭嘴。"
	我的感受：烦躁，希望专注	我的感受：吵，难受，担心作业写不完	我的感受：愤怒
	对方的感受：被尊重，羞愧	对方的感受：不知情，困惑	对方的感受：抵触，想要狡辩和争吵

小练习2：猫头鹰怎么说？

请家长带着小朋友们使用下面这张表聊一聊：如果你遇到下面的情况，用猫头鹰式沟通应该怎么说？乌龟式沟通是怎样的？狮子式沟通是怎样的？不同的沟通会给自己和对方带来怎样的感受？

也可以借用这个表格的思路和孩子聊聊当天见到的社交场景。问问孩子：社交场景中不同的人说了什么？他们的沟通方式属于哪一种？他们所说的话带给沟通双方什么样的感受？

和孩子聊天时，不需要刻意追求正确答案，聊天的重点在于帮孩子体会每句话给自己以及对方带来的感受。这样的聊天多开展几次，孩子自己就能总结出不同沟通方式所对应的特点，能理解猫头鹰式沟通是自己需求和对方需求之间的交集，也能明白双赢的猫头鹰式沟通才能解决问题。

场景	猫头鹰式沟通	乌龟式沟通	狮子式沟通
其他人骂自己"笨死了"	怎么说： 我的感受： 对方的感受：	怎么说： 我的感受： 对方的感受：	怎么说： 我的感受： 对方的感受：
做游戏，一直被旁边的小朋友往外推	怎么说： 我的感受： 对方的感受：	怎么说： 我的感受： 对方的感受：	怎么说： 我的感受： 对方的感受：
我不小心把同桌的笔摔坏了	怎么说： 我的感受： 对方的感受：	怎么说： 我的感受： 对方的感受：	怎么说： 我的感受： 对方的感受：
我很想让他和我一起荡秋千，我们轮流推对方	怎么说： 我的感受： 对方的感受：	怎么说： 我的感受： 对方的感受：	怎么说： 我的感受： 对方的感受：

社交技能 7：给话语注入力量

我教幼儿园大班时发生过这样一件事。

有段时间的午餐前，小朋友每天都讨论"吃饭时能不能说话"这个话题。话题的起因是，有人觉得午餐时间太吵了，建议规定"午餐时不能讲话"，也有人觉得"吃饭时不可能不讲话"，双方僵持不下。于是我在班里发起了"午餐时不能讲话"的投票，结果是，10人同意，10人反对，完美的平局。小朋友们决定双方辩论一下，过几天再重新投票。

于是午餐的餐前时间，大家就一边等餐，一边辩论。几天过去了，正反双方依然僵持，谁也说服不了谁，双方理由都很充分。

持同意票的小朋友觉得：

吃饭时讲话容易呛到，不安全。

吃饭时说话声音太大，太吵了。

持反对意见的小朋友则觉得：

边吃饭边说话，不会呛到。

吃饭的时候就是要跟朋友聊天。

眼看这个辩论就要一直僵持下去，有一天，伽伽突然站起来，像将军一样大手一挥，大声说："同学们，你们听我说。吃饭的时候不能讲话。吃饭的时候讲话就是容易呛到，而且声音太大，太吵了。"我一听，这不就是把已经说过很多遍的理由重新说了一遍嘛！奇怪的是，对方小朋友居然没有反驳。再次投票，多数人居然倒戈，同意的人数一下飙到16人。剩下4个小朋友就乖乖遵守投票结果，大家一致同意"午餐时不能讲话"。

同样的话，在小朋友们坐着讨论时被说出来，对辩论结果没有任何影响；被伽伽站起来有气势地说一遍后，就改变了辩论的走向。很显然，改变小朋友观点的，不是说话的内容，而是说话的语气。

这不是特例。如果仔细观察你会发现，说话的语气对沟通效果会产生巨大的影响：坚定有力的语气，充满说服力；吼叫耍赖的语气让人生气且反感；扭捏小声的语气很可能直接被人忽略。

学校里经常发生这样的场景：

大家玩加勒比海盗，一个小朋友大声说"我当船长"，其他小朋友就同意了；还有一个小朋友扭捏地小声说"我想当船长"，其他小朋友通常会说"不行"。

一个小朋友插队，正在排队的小朋友不乐意了。其中一个气得边跺脚边吼"你凭什么插队"，插队者完全不理睬；另一个则坚定大声地说"请排队，老师说了不能插队"，插队者往往会被震慑，乖乖排到队伍最后。

我班里的瑞瑞，到别的小朋友那里求分享玩具。第一个小朋友果断拒绝"不行"，声音坚定有力，瑞瑞就乖乖走开了；第二个小朋友摇着头，咬着下唇，很小声地说"不行"，瑞瑞通常会一边说"哎呀，我就玩一下"，一边伸手去拿对方的玩具，而对方往往是不情愿地"被分享"了。

如果一句话的文字是一个人的体格，那说话的语气就是一句话的灵魂。语气给一句话注入感情，帮助说话者达到目的。语气包括说话者的音量和语调。

猫头鹰式沟通的特征之一是坚定的语气。不同于乌龟式沟通的小声含糊、狐狸式沟通的阴阳怪气和狮子式沟通的大声粗鲁，猫头鹰式沟通的语气平稳，音量适中，语调平缓，充满力量感。这样的语气自带说服力和感染力。回想一下我们喜欢的公共演讲，不管演讲者的个人风格是什么，每一位演讲者的语气都坚定有力且清晰，信心从每一个吐字里传达出来。

语气的重要性不难理解。很多家长感到困惑的是，"我也经常告诉孩子说话要大声，要自信，可为什么孩子总是扭捏小声？"或者，"我跟孩子说了不要大吼大叫，要好好说话，为什么孩子总是吼叫？"

孩子的卡点在于难以理解语气。

语气指的是在具体思想情感的支配下具体语句的声音形式。学龄前儿童，其理解的语气主要是音量；进入小学后，孩子需要在音量的基础上理解语调。这两个概念对儿童来说都不易理解。

通俗来说，音量是说话声音的大小。成人经常误以为孩子能够理解"大声""小声"的概念，其实并非如此。我们追问一下：什么样的声音算大声，什么样的声音算小声？在台上演讲要用多大的音量？在教室里和小朋友说悄悄话，应该用多大的音量？制止其他人的冒犯又该用多大的音量？大声、小声没有量化。同一音量，在某种场合下声音可能显得大，而在另一种场合下又会显得小。不同的人，对同一音量的描述可能相反。这些都导致孩子难以理解音量。

我们班经常玩传悄悄话的游戏，小朋友们围坐成一圈，逐个把悄悄话传给下一个人，但是传话人的音量只能让下一个人听到，不能让其他人听到。如果这句话最后准确地传给最后一位小朋友，那么大家就赢了。这个游戏里，总有几个小朋友音量很大，悄悄话被所有人听到，导致"漏题"；也总有小朋友音量太小，下一个人听不清楚，导致"传错"。我问小朋友："你们应该用多大的声音传话才能赢得这个游戏？"有的小朋友回答"大声点"，有的小朋友则回答"小声点"。这个游戏反映了孩子对于声音大小的判断是主观的。

语调的理解则更有挑战。语调是一句话快慢、长短、轻重变化的合集，包括音调、停顿、强调等，用来表达特定的情感和含义。比如：下班回家后，看到孩子正安静地在角落里捣鼓着什么，家长声音轻快柔和地问:"你干什么呢?"下班回到家,看到孩子正拿着口红在墙上涂画,家长声音尖厉地说:"你干什么呢?"同样是"你干什么呢"五个字,在不同语气下表达的含义则完全不同。

纵观儿童的成长过程,我们会比较容易理解为什么孩子比成人更难理解语气(包括音量和语调)。婴儿尚不理解成人的语言,当然也不理解语气。幼儿开始理解语气,但缺乏经验和语言技能来解读语气的复杂性。例如:当一个成年人用开玩笑的语气说话时,幼儿可能会将其当作字面意思理解。小学生可以更好地理解语气的意义,但容易混淆或误解说话人的情感和意图。比如:如果老师用严肃的语气提问,学生可能会感到害怕或不安,哪怕老师对学生没有任何负面情绪。再如:一个演讲前很紧张的孩子,如果同学说了一句哪怕很平常的话——"你看那是什么",都可能把他吓一跳,进而让他误以为同学在故意捣乱。

当家长对孩子说"你说话要自信一点儿",或者"不要那么扭捏",从孩子的角度来看,他们很难理解什么是"自信",什么是"不要扭捏"。这样的描述,抽象、令人费解,不仅不能帮孩子使用适合的语气,反而容易让孩子产生自我怀疑。

如何帮助孩子更好地拿捏说话的语气呢?以下两个练习非常有帮助。

小练习1: 使用音量表

音量表相当于一个音量的量化表,把"大声""小声"的模糊描述转化为具体的音量值,帮助儿童理解,在不同场景下应该使用什么样的音量。

音量表把常见音量分为 5 级，从下往上依次是：

1 级，保持安静。不说话，完全安静。

2 级，悄悄话。只有说话的两个人能听清。

3 级，室内音量。在教室里或家里正常说话的音量。

4 级，户外音量。在户外玩耍时的音量。

5 级，喊叫。大吼大叫，会吵到旁边的人，也会伤害自己的嗓子。只在紧急情况下使用。

5	喊叫	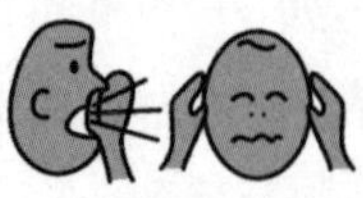
4	户外音量	
3	教室音量	
2	悄悄话	
1	不说话	

图 5

音量表的使用方法很多，我在这里选择下面几种常见的例子：

1. 把音量表贴在墙上，用视觉辅助孩子理解不同音量的使用场景。

2. 我们可以把"大声点""小声点"的模糊指令转换为×级音量，借助音量表提供更为清晰的指令。比如，孩子在家里太吵，指着音量表提醒孩子，请用3级室内音量。

3. 音量喊词游戏。准备一叠词汇卡片，一方指着词卡并指定某个音量值，另一方用该音量值的音量喊出词卡上的汉字或英语单词；然后轮流。9岁以上的孩子可以升级为"音量猜词"，即把游戏中的读词卡上的字，换成看动作猜词。

4. 进入×级音量游戏。以"现在进入×级音量"作为指令，一方发出指令后，接下来大家就共同用该特定音量说话，持续5分钟，然后轮到另一方发出指令。

小练习2：我是变声机

这个游戏模仿了一款曾经风靡一时的儿童玩具——复读鸭。点击录音按键，然后对着鸭子说一句话，再按下复读键，鸭子就会把这句话用搞笑的鸭子语气复读出来。"我是变声机"游戏中，某位玩家扮演那只可以用不同语气复读的鸭子，复读对方的话。这个游戏不仅可以用来增加生活的乐趣，也可以帮助孩子理解不同的语气。具体玩法是这样的：

玩家 A 说一句话，指定复读方式；玩家 B 则按照指定的方式复读。

玩家 A 说："夏天我最喜欢吃西瓜啦。用绿巨人的语气复读。（按下对方的头）嘀——复读开始。"

玩家 B 用低沉粗犷、有力量的绿巨人语气复读"夏天我最喜欢吃西瓜啦"。

然后轮换。

在这个游戏里，孩子可以有创意地设定非常多的语气，如温柔的语气、害怕的语气、樱桃小丸子的语气、警察的语气，等等。

社交技能 8：用好心灵的窗户

有一次，朋友带着两个孩子到我家做客。哥哥 10 岁，弟弟 5 岁，他们都是第一次到我家。我打开门，说："你们好，欢迎！你叫什么名字呀？"我的话还没说完，弟弟就已经跑进了客厅，哥哥则一边往客厅走，一边背对着我说："你问我的名字吗？"我说："对呀，你叫什么名字？"

哥哥一边走，一边背对着我，说："我叫天天。"他既没有停下脚步，也没有回头看我。

接下来，我和兄弟俩聊了一会儿。全程聊天中，兄弟俩偶尔抬眼看我一下，大多数时候都视线飘忽，看向别处，有时还会边聊边走动。

过了一会儿，弟弟想看电视，就拿起遥控器，看着电视，说："喂，这个怎么用的？"我走过去，对弟弟说："请看着我的眼睛说'阿姨，这个怎么用'，我再告诉你。"

这让我想起了另一次在朋友家聚餐的场景。当时大家一边吃着水果，一边聊天。突然，我们听到孩子在嘀咕着"I want more（我还要）"，只见他一边嘀咕着，一边看着窗外。我们都以为孩子在自言自语，就没在意。大概半个小时后，孩子的声音越来越大。我看着孩子，问："What do you want?（你想要什么？）"孩子看着窗外，摸着肚子说："Hungry, watermelon.（饿了，西瓜。）"这时我们才明白，半小时前他就嚷着要更多西瓜，但当时他没有看着任何一个人说，所以一桌大人都不知道他在跟大人讲话，都忽略了他的话。他自己饿着肚子，嚷嚷了半个小时。

上面两个场景中的孩子，说话时没有眼神交流，导致沟通错位。这类场景在儿童身上非常常见。我经常见到类似的场景：家长对着一个正东张西望的孩子喋喋不休，话还没说完，孩子就已经跑开了，然后家长提高音调，大喊"你往哪跑，我还没说完呢"。在教室里，常有小朋友围着我同时对我说话，我低头忙着备课，没有抬头看任何一个人。但这丝毫没有打消小朋友说话的热情，每个人叽叽喳喳，各说各的，完全没有想过"老师在听吗？老师在听我说吗？"

眼神交流对于沟通来说非常重要。猫头鹰式沟通的特征之一是稳定恰当的眼神接触。乌龟式沟通常常缺少眼神交流，狐狸式沟通的眼神飘忽不定，狮子式沟通则可能伴随翻白眼、瞪眼等侵略性眼神。

俗话说，眼睛是心灵的窗口。不恰当的眼神交流会让沟通效果大打折扣，甚至事与愿违，可能有损形象。电影《泰坦尼克号》男女主角杰克（Jack）和萝丝（Rose）相遇时，杰克一直注视着萝丝，杰克的眼神里满是关注和欣赏，而萝丝的母亲则认为杰克的眼神里充满不尊重，并对杰克反感。生活里，因错误眼神带来误解的情况很常见。

对儿童来说，恰当的眼神交流是沟通时的基本礼节，需要从小学习。

关于眼神交流，儿童至少要学会下面几个基本规则：

1. 倾听时，看着说话人的眼睛并保持身体静止，表示自己正在听。

2. 对方正在说话时，如果需要离开，可以提前打招呼"我需要离开一下"，而不是在对方说话时忽然跑开。

3. 说话之前，需要先喊对方的名字或者拍拍对方的肩膀，等对方看着自己了再说话，确保对方已经准备好了倾听。

4. 说话时，如果注意到对方眼神移开，确认一下"你在听吗？"。

以上基本规则对孩子来说并不难学习。现实生活中，很多孩子做不到这几点，是因为成人并没有做好示范。很多情况下，成人并没有等孩子看着自己时再说话，或者在孩子说话时没有看向他。如果我们在倾听和表达时，缺乏眼神交流，那么孩子在与其他人交流时也会缺乏眼神交流，从而出现本节开头时描述的几种场景，不利于孩子开展社交。

在与孩子交流时，家长有必要提醒孩子进行眼神交流。家长准备说话前，提醒孩子"请看着我的眼睛"，等孩子看着自己的时候再说。孩子不管家长的反应，张口就说时，则提醒孩子"我转头看你了你再说"。

以下几个游戏，可以帮助孩子练习用合适的眼神交流，既可以亲子互动，也适合小朋友和同伴玩。

小练习 1： **蝴蝶亲亲**

蝴蝶亲亲指的是快速地眨一次眼睛，代表一个亲亲。眨眼时，上下睫毛扇动并互相接触，就像蝴蝶拍打翅膀，所以叫蝴蝶亲亲。跟孩子吻别的时候，可以用蝴蝶亲亲代替嘴部亲吻。这个互动可以调动孩子的眼部动作，让孩子的眼睛更灵动，让孩子自然注视对方眼睛，避免对眼神接触的不适，也能增进亲子关系。

小练习 2： **木头人**

适合两人或多人一起玩。当发出"一不能笑，二不能动，三不能露出大门牙"的指令后，大家都变成木头人。谁先笑或动或露出大门牙，谁就输了。这个游戏要求所有参与人进行眼神对视，用有趣的方式提高孩子对眼神交流的耐受度。高阶玩家会在这个游戏里解锁不同的眼神，通过不同的眼部运动来逗笑对方，赢得游戏。

小练习 3： 不倒翁

两个玩家面对面站好，相隔一臂长的距离，一方用一根手指推对方，想办法推倒对方，只要对方的脚移动就算输了，同时要防止被对方的手指推倒。在这个游戏中，游戏双方就像两个不倒翁，一方进攻，一方防守。在游戏中，为了不被推倒，一方要持续用眼神追踪对方的手部动作，这有助于鼓励眼神交流。

小练习 4： 眼睛的信号

准备一个九宫格和一颗棋子，游戏时双方面对面，一方（指挥官）看着九宫格用眼神发出信号，另一方（棋手）根据对方的眼神指令在九宫格上移动棋子。指挥官用眼神示意棋子移动的方向，比如眼神向右边瞟一次，意味着棋手需要把棋子向右移动一格，抬眉看一眼意味着棋手需要把棋子向前移动一格，眨眼睛一次意味着棋手需要把棋子向任意方向跳一格。双方轮流当指挥官和棋手。

当熟练了九宫格，可以把棋盘扩展成十六宫格、二十五宫格，请确保棋盘的格子足够大。当熟悉了基本的眼神指令，双方也可以约定更复杂的眼神指令，比如眼睛转一圈意味着棋子按照眼睛转动的方向移动一圈。这个游戏可以帮助孩子提高对眼神信号的敏感度和理解能力。

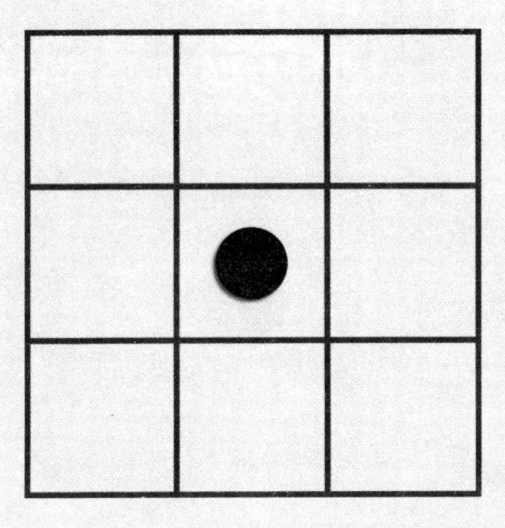

图 6 眼睛的信号棋盘和棋子

第 5 章

建立并维护高质量的友谊

美国知名社会情感专家卡罗琳·马奎尔（Caroline Maguire）在她的著作《聪明却孤单的孩子》中讲述了一个影响她一生职业发展的场景。在一个众多儿童参加的演讲上，她问小朋友："现在有什么事情困扰着你？"一位10岁的小朋友怯生生地问："为什么没有人和我玩？"

这个小朋友的问题浓缩了儿童们普遍面对的困难时刻：

参加学校活动时，最后才被选中；

没有朋友一起玩和分享；

时常觉得无法融入集体；

自己滔滔不绝地讲，丝毫未注意到他人已毫无兴趣。

对于幼儿园和小学阶段的儿童来说，友谊的质量决定了孩子校园生活的质量。学会解码社交情境和进行坚定沟通，都是为建立并维护高质量的友谊作铺垫。

想要发展高质量的友谊，小朋友需要阻挡关系攻击，分辨真假朋友；勇敢拒绝别人又不怕被别人拒绝；过滤负面评价，聪明地反击。都说真的朋友能包容你最糟糕的一面，也能引导你走向最好的一面。这一章的3个技能能帮助每个小朋友身边都有这样的朋友：

接纳你，鼓励你，陪你欢笑与哭泣；

愿意在见到你的每一天问一句"你怎么样啊"，并耐心等待你的回答。

社交技能9：分辨真假朋友

几乎所有孩子在成长过程中都听过这样一句话：你不怎么怎么

样,我就不跟你玩了。下面两个家长的咨询就反映了这一现象。

咨询一:我家孩子跟他的好朋友一起玩,好朋友说:"你不给我汽车,我就不跟你玩了。"孩子不想把汽车给好朋友,但听到这话还是不情愿地给了,他自己却没玩上自己的汽车,很不高兴。面对这种情况,我该怎么引导孩子呢?要不要教育孩子的好朋友呢?

咨询二:我家女儿10岁了,她有一个好朋友,最近那个朋友跟另外一个女生走得很近。女儿很失落,经常说自己被冷落了。有一天,我听到女儿跟好朋友说:"你如果跟她玩,我就不跟你玩了。"结果,好朋友甩回一句"不玩就不玩"。女儿没有其他朋友,失去这个好朋友之后,很长一段时间,她都独来独往、闷闷不乐。我应该怎么安慰女儿呢?

在学校,孩子也很可能面对类似的情况:
被抛弃,"你不演小偷,我就不跟你玩了"。
被排斥,"积木区是我们的,你不能进来"。
被诋毁,"他特别坏,我们不要跟他玩"。
这些情况可以统一被称为关系攻击(relational aggression)。关系攻击是以伤害他人的社会状态和社会关系为形式的攻击,常见的形式有造谣、诋毁他人,把某人排斥在团体之外,收回关注或友谊。关系攻击对于12岁以下的儿童杀伤力很大。如何帮助孩子避免关系攻击呢?我们可以从教会孩子做好三个分辨开始。

1. 要分辨真朋友和假朋友

儿童对友谊的理解会随着经历和年龄的增加而逐渐加深。这个过程中,家长和孩子围绕友谊进行开放的讨论和正确的引导,可以帮助孩子理解友谊。以下问题值得与孩子就具体情境展开讨论。

（1）什么样的人可以称为朋友呢？会和我们一起玩的人，会关心我们感受的人，会帮助我们的人，这样的人是朋友。同样，想要成为某人的朋友，我们也需要和他一起玩，关心他的感受，帮助他。

（2）我们能用同样的方式对待所有朋友吗？并不是这样的。我们可以按照亲密度把朋友分为不同种类：最亲近的朋友和我们朝夕相处，无话不谈，亲密无间，像家人一样；比较亲近的朋友和我们趣味相投，经常一起玩，可能是同学或邻居；更远一些的朋友和我们偶有交流，相处不多，可能是学校或兴趣班的同学。

（3）当你和朋友有不同意见时，真的朋友应该怎么做、怎么说？真的朋友会听我们的想法，尊重我们的感受，会妥协，会商量，找到双赢方案。真的朋友不会强人所难，不会恐吓威胁，不会背着我们说我们的坏话。

以上对话，我们和孩子讨论得越深入，孩子对友谊的理解也就越深入，他们也越能分辨真朋友和假朋友。

当孩子能够分辨真假友谊，他就不会总担心失去假朋友，也不会以牙还牙，借友谊的名义操纵朋友。

2. 要分辨要求和威胁

要求是提出具体的愿望或条件，希望对方做到。要求建立在平等对话、独立思考的基础上。威胁是用武力、权势、关系等强迫对方做到。威胁通常使对方恐惧害怕，放弃自己的权利。比如，大家一起玩过家家，对方说"我希望你演小偷"，真诚直接地表达了期待，这是要求；如果对方说"你不演小偷，我们就不和你玩了"，用被排挤的后果强迫对方就范，不留商量的余地，这是威胁。

孩子表达需求和期待时，应该多用要求，而不是用威胁来表达自己的需求和期待。孩子面对要求时，可以沟通谈判，争取双赢；面对威胁时，则要识破威胁，果断说"不"。

3. 要分辨服从和屈从

服从指的是遵守班级的约定，遵照老师的指令，遵循大家认可的游戏规则。屈从则是屈服于压力，违心地顺从对方。

比如，大家一起玩过家家，对方说"我希望你演小偷"，这个要求并不是大家一致认可的游戏规则，那么自己可以选择服从或者不服从，可以按照意愿回答"好"或"不好"。如果不想演小偷，但是因为害怕被排挤，而委屈自己答应，这就变成了屈从。

屈从可以简单理解为委屈自己。习惯屈从的孩子，就像一座没有城墙的城池，谁都可以长驱直入，在社交中容易被侵犯；他们也不能清楚感知他人的社交界限，容易侵犯他人。屈从既换不来别人的信任和尊重，也无法满足自己的需求。

当孩子能够分辨屈从和服从，就不会一直委曲求全。

这三个分辨是孩子抵挡他人关系攻击的盾牌。回到本节开头的两个咨询：

咨询一：面对好朋友的话，该怎样引导孩子呢？

我们可以按照三个分辨的思路来引导孩子，可以问问孩子：

（1）好朋友这么说，对不对？为什么？

——不对，这是威胁。真正的朋友不会威胁我，真正的朋友会和我商量。他不跟我玩了，我也可以找其他真正的朋友一起玩。

（2）如果真正的朋友想玩自己的汽车，要求的语气应该是怎样的？

——你能把汽车给我玩一下吗？/ 请你给我玩汽车。

（3）威胁的语气是怎样的？

——你不给我汽车，我就不跟你玩了。/ 你不给我汽车，你就是小气鬼。/ 你不给我汽车，我就把你的书包扔掉。

（4）如果不想把汽车给好朋友，我可以怎么说？

——我还没玩够呢，再玩5分钟就给你，好不好？/ 我们轮流玩，好不好？每人玩5分钟。/ 我们一起玩吧。/ 不要，上次你把我的汽车弄坏了,这次不想给你玩。

咨询二:面对 10 岁女儿失去好朋友这件事,我应该怎样安慰女儿呢?

关键不是安慰女儿的情绪,而是在女儿情绪稳定时帮她理解为什么失去了好朋友。

女儿的诉求是,不希望自己的好朋友跟另外一个人玩,这个诉求可以通过要求的语气提出,也可以用威胁的语气提出,差别在于威胁的语气只考虑了自己而没有考虑对方,让对方不舒服,所以对方决定不跟女儿玩了。如果女儿希望维持这段友谊,就应该改变自己的说话方式,用要求取代威胁,避免再次失去朋友。

那么,如何帮助孩子做好三个分辨,有效应对社交中的威胁呢?可以试试下面 2 个练习。

小练习 1: 我要服从吗?

这个练习能帮助孩子分辨服从和屈从,并对不合理的要求大胆说"不"。可以就以下场景请孩子谈谈是否应该服从,并说明为什么。讨论的过程比问题的答案更为重要。这里仅提供一些思路作为参考答案。

1. 放学后,你的朋友组织了一场足球比赛。平时你总是当守门员,这也是你最喜欢的位置。这一次,你的朋友坚持要当守门员,希望你当前锋。

2. 几个同学告诉你,他们打算在一位新同学的凳子上洒水,然后看新同学裤子被打湿的笑话,希望你去装一瓶水过来。

3. 你去好朋友家玩，好朋友家有很多玩具，大家玩得特别开心。好朋友的弟弟也在家，好朋友提议大家一起捉弄他的弟弟，并说："不一起的话，下次就不要来我家玩了。"

4. 你的同学组建了一个乐团，计划在学校才艺节上表演，他邀请你当架子鼓鼓手。你很愿意一起演出，也很期待，但是你不喜欢同学选定的表演曲子，而同学非常坚持就要用那首曲子。

5. 几个伙伴约好了周末去公园玩。大家都希望你带着无人机，但是上次无人机被伙伴弄坏了，这次你不想带，于是说自己可以带桌游，但大家还是坚持让你带上无人机。

参考答案：

1. 服从。理解并尊重朋友当一回守门员的强烈意愿。自己已经当过多次守门员，这次可以让出，下次再当。

2. 勇敢说"不"。故意捉弄新同学并看人笑话是不对的，不应该屈从。

3. 勇敢说"不"。一方面，朋友采用了威胁的语气，让人不悦；另一方面，捉弄弟弟是不对的。

4. 服从。乐队是同学组建的，相当于创始人和队长，他确实有资格决定用哪首曲子，如果选择了当架子鼓鼓手，就应该服从队长的决定。

5. 遵从内心。如果更担心无人机被弄坏，就勇敢说"不"，坚持带桌游；如果更在意朋友们玩得开心，就服从，带上无人机。

社交技能10：敢拒绝也敢被拒绝

拒绝他人和被拒绝是建立高质量友谊时会遇到的常见挑战。面对拒绝，孩子可能会有下面两种反应：

班里举办皮影戏活动，小蕊把自己的孙悟空提线木偶带到了学校。孙悟空木偶的脸和服装，雕刻得非常逼真，只要牵动丝线，木偶就会做出活灵活现的打斗动作。小蕊拿出木偶的那一刻，全班同学都发出赞叹的声音，凑上前去想要玩小蕊的木偶。小蕊一边喊着"离远点儿"，一边用心护着木偶，生怕大家把木偶弄坏了。一位小朋友就一直跟着小蕊，软磨硬泡想玩木偶。这个小朋友比较毛手毛脚，之前就弄坏过其他小朋友的玩具，小蕊本来不想借给他玩，但看到对方一直跟着自己，也就勉强同意了。结果，她刚把木偶借给对方，对方就拽掉了孙悟空的胳膊，小蕊气得边哭边跺脚。

班里的小朋友分组玩游戏，几个人组成了玩捉迷藏小组。飞飞本来在其他组，因为觉得其他组的游戏不好玩，他就想中途换到捉迷藏小组。但捉迷藏小组人数已满，一个小朋友说："不行，我们人已经够了。你不是我们组的，不能玩。"飞飞非常生气，狠狠地推倒了说话的孩子。从那之后，捉迷藏小组里的小朋友们，都不愿意跟飞飞一起玩了。

以上两个场景对应了错误应对拒绝或被拒绝的两种方式：
小蕊不知道如何拒绝别人；
飞飞被拒绝后暴力还击。

在得到正确的示范和指导前，孩子倾向于用错误的方式应对拒绝和被拒绝——不敢拒绝别人，也不知道怎么应对被拒绝。

孩子不敢拒绝他人通常因为缺少正确的心态或技巧。

正确的心态指的是我知道我可以拒绝别人，且相信合理的拒绝助人助己；没有正确的心态，孩子就会觉得拒绝是没用的、是不好的，从而一味答应。

正确的技巧指有效拒绝的正确方式。拒绝不仅仅指简单地说"不"，还包括怎么说"不"。用多大的音量？伴随怎样的面部表情？要有手势吗？除了说"不"，我还能说什么？拒绝之后对方生气了，不跟我玩怎么办？拒绝了对方，对方不听，怎么办呢？如果没有掌握正确的拒绝方式，孩子会在需要拒绝他人时感到困惑、犹豫、退缩，从而不敢拒绝。

而孩子不知道怎么应对被拒绝，通常是因为缺少被拒绝的经历。绝大多数孩子在两三岁时就能学会应对被拒绝，并逐渐发展出平衡自己需求和他人期待的能力。然而很多家长很怕对孩子说"不"，导致孩子缺乏被拒绝的经历，缺少调整自己需求的机会，难以应对被拒绝。这样的孩子就像生活在"一切都可以被满足"的彩虹泡泡里，一旦走到泡泡外的真实世界，他们就容易用极端的方式来应对被拒绝。

综上，孩子敢于拒绝并能应对被拒绝，其背后有三个发展支撑：一是孩子发展了正确的拒绝心态；二是孩子掌握了正确的拒绝技巧；三是孩子获得充分的被拒绝经历。当满足了这三个发展支撑，孩子就能敢于拒绝，不随波逐流，不委曲求全；敢于淡定面对被拒绝，不过分解读，不暴力还击。

如何发展拒绝心态

正确的拒绝心态来源于孩子在家里有说"不"的权利。当孩子说"不"的时候，能换来家长的倾听和理解，而不是强求和控制，孩子自然会相信"我可以说不，而且我的拒绝会被准许、被尊重"。

反之，如果孩子的"不"经常被忽略，那么孩子就会觉得说"不"没用，不再拒绝。

我教过的幼儿园班上有两个孩子对芒果过敏。有一天加餐时间，学校供应的水果是芒果，而替代芒果的过敏餐没有被及时送到班里。生活老师就把芒果派发给了每个孩子。对芒果过敏的两个孩子中，一个看到芒果马上说："我不要，妈妈说我不能吃芒果。"生活老师就让这个孩子坐着等过敏餐；另一个孩子明明知道自己不能吃芒果，却不会拒绝。只见他坐在那儿看着盘子里的芒果，不说话，也不吃。生活老师转了一圈，发现这个孩子不吃，就问："你怎么不吃呀？其他小朋友都快吃完了。"这个小朋友依然没有拒绝，而是为了迎合生活老师拿起芒果吃了起来。这时过敏餐送到了，生活老师这才想起来这位小朋友也对芒果过敏，她立刻叫停。但此时，小朋友已经吃下去一块芒果，生活老师马上把孩子送去医务室。好在孩子吃得少，除了嘴巴肿了一点儿外，没有引发严重的过敏症状。

面对同样的场景，为什么有的孩子能拒绝，有的孩子不能拒绝？我跟不愿拒绝的孩子的家长沟通之后，发现他家里的养育方式细致且严格，对孩子说一不二。我问："孩子在家里拒绝过你们的要求吗？"爸爸想了想，说："拒绝过，他说过几次不想穿袜子，但是被奶奶抓回来穿上了。他有时说不要给我夹菜，但奶奶总是会夹给他。"我又问："孩子拒绝成功过吗？"家长沉默了很久，没有回答。

孩子出生后，会自然习得正确的拒绝心态。当不喜欢某样东西时，他们会推开；当讨厌某项活动时，他们会躲避。通过拒绝，孩子们避开了自己不喜欢的事物，于是建立了这样的信念：我可以拒绝讨厌的东西，我的拒绝能改变最终的结果。如果孩子推开的东西被反复塞回，如果孩子回避的活动被反复要求参与，他们就会觉得"无论我是否拒绝，都不能决定结果"，进而形成一种"拒绝无用"的心态。觉得"拒绝无用"的孩子，遇到他人的冒犯，遇到不合理的要求，会放弃拒绝，逆来顺受，毫无还手之力。为什么受欺凌的孩子往往是听话懂事的孩子？因为听话懂事的孩子往往有着"拒绝无用"的心态。

如何掌握拒绝技巧

光有正确的拒绝心态还不够，还需要掌握正确拒绝的技巧。前文案例中的小蕊是典型的技巧缺失的例子。在心态上，小蕊知道自己应该拒绝，所以她一边喊"离远点儿"，一边护着自己的孙悟空木偶。但是小蕊没有明确说出"不可以碰"，没有说明不能碰的原因是木偶易坏，面对难缠的小朋友不会多次拒绝。拒绝技巧的缺失让小蕊的拒绝失败了，也让小蕊付出了木偶被弄坏的代价。

初阶的拒绝技巧可以通过观察模仿习得。孩子通过观察，发现大人会用摇头或说"不"来表达拒绝，于是他们也习得同样的拒绝方式。初级的社交技巧可以帮助孩子应对简单的社交场景。孩子进入小学后，学校和社会上的社交场景更为复杂，此时孩子需要高阶的拒绝技巧，以应对更为复杂的场景。

如何获得被拒绝经历

按理说，孩子不应该缺乏被拒绝的经历。然而这个时代，家长好像很害怕对孩子说"不"。

当孩子饭前想吃冰激凌时，睡前想玩电子游戏时，想换一个新款电子手表时，很多家长会想尽各种办法开导、劝说、谈条件，找替代方案，就是不明确说"不"。这个时代的家长好像对"不"过敏，可能是为了弥补很少陪孩子的愧疚；可能是担心孩子会失望、难过、低自尊；可能受媒体过度强调快乐的价值观影响；可能因为家长认为孩子应该一直快乐，哪怕孩子仅有一分钟的闷闷不乐，家长也会将其视为自己养育工作的失职。对"不"过敏的直接后果就是孩子被拒绝的经历越来越稀缺，以至于"被拒绝无能"，即面对被拒绝时错误回应的习惯，轻则哭闹、撒泼，重则攻击他人。

上文的飞飞就是"被拒绝无能"的典型。刚开始选择活动小组时，飞飞并没有选择玩捉迷藏，后来想加入捉迷藏小组被拒绝。这本来是正常且合理的拒绝，飞飞可以平静接受，然后另找其他活动小组；也可以继续劝说捉迷藏小组成员，争取加入。然而飞飞的做法是不接受别人的拒绝，认为其他人应该无条件满足自己，并用推倒对方的暴力方式来表达愤怒。被拒绝的暴力回击不仅伤害了对方，也损坏了自己的社交形象。飞飞这样"被拒绝无能"的孩子，在班里一般不受欢迎，社交技能难以正常发展。

如果在飞飞从小的成长环境里，面对不合理需求时，能被温柔、坚定、及时地说"不"，那么飞飞就能够在被拒绝的经历里学会接受"求而不得"，也能进一步发展出分辨"可能改变"及"不能改变"的智慧，并坦然接受"不能改变"，勇敢争取可能的改变。

为了让孩子具备这三个发展支撑，从而敢于拒绝也敢于被拒绝，家长应该怎么做？我总结为以下四点：

1. 智慧说"不"

学会应对被拒绝，是孩子必备的生存技能。这项生存技能来自家长用合适的方式说"不"。孩子在家长的拒绝里学会边界感，学会理解他人的感受，学会消化挫败的感受，进而获得掌控感，建立自尊。**我们需要记住，孩子的自尊来自"我可以应对失望"，而不是"我会一直被满足"。**

面对孩子的不合理需求和越界行为，家长可以用三个策略智慧说"不":一是用"做……"代替"不做……";二是以退为进,温柔坚定;三是事后复盘。

我有个朋友,曾为孩子睡前听故事而苦恼。朋友的孩子有睡前听故事的习惯,从一开始听15分钟发展到后来听1小时仍不肯睡觉,最后不仅影响家人休息,也影响了孩子第二天起床。每次朋友要求孩子"不要再听故事了",孩子就会拿出三大杀器:谈条件、软磨硬泡、情绪暴走。听故事的矛盾让母子俩每天都会在睡前斗智斗勇,往往持续1小时。朋友听取了我的建议,借助智慧说"不"的策略,调整了方法,一次就见效了。

首先,停止说"不要再听故事了",而是改成"请把故事机关掉,去选一本书,我读给你听"。当大人说"不要再听故事了",孩子听到的可能只是"听故事",而且孩子能明白"不做……"的指令,却不清楚"不听故事了能干吗"。而换成"做……"就不一样了,指令清晰简单,孩子很容易就能明白。

听到朋友的话,孩子先是愣了一下,然后立刻反应了过来,又故技重施:"故事还没听完,现在关掉我睡不着,我再听一会儿嘛……"

其次,不急着回应孩子,忽略孩子的软磨硬泡,以退为进,温柔坚定地重申:"请关掉故事机,然后选一本书。"孩子不服输,继续纠缠:"我就不关,你都不听我的,我凭什么听你的。"当孩子开始胡搅蛮缠,通常意味着他在做最后的垂死挣扎,以此试探家长的底线。如果家长这时陷入孩子的逻辑,开始讲理"我怎么不听你的话了?我一直尽力尊重你……"那就中招儿了,正好满足了孩子此刻不想睡觉的诉求,导致前功尽弃。

朋友继续以退为进,再次忽略孩子的垂死挣扎,温柔坚定地第三次说:"请关掉故事机,然后选一本书。你是自己关,还是我来关？"语气平常，没有提高音量，也没有压低嗓音，甚至脸上还带着微笑。这一次，孩子彻底没招了。因为他知道，如果自己不关，妈妈就会拿走故事机，自己横竖听不成，还不如捡个便宜，去选本书，这样还能拖延点儿时间，于是他立刻执行了指令。

接下来，朋友开始给孩子念故事。书是自己选的，所以孩子听得兴趣盎然。这个"选一本书"的指令是我和朋友反复商量之后提前设计的。孩子要求一直听故事，其背后的诉求是晚睡和想听个够。如果我们强硬关掉故事机，那么孩子在强烈的失望下还是睡不着，反而会加重听故事的执念。我们需要一个能替代听故事的活动，这个活动既要让孩子感兴趣，又能帮助孩子入睡。看书就是最好的选择。孩子喜欢看书，所以不会排斥选书。同时，书籍不像音频或视频那样会产生强烈的刺激，适合作为睡前活动。果然，孩子选了书之后，跟着妈妈读了一会儿就平静了下来，而且情绪还不错。

趁着孩子情绪平稳，朋友开始了事后复盘。

朋友问："知道为什么要关掉故事机吗？"

孩子点点头，又摇摇头："听故事耽误睡觉，会影响我第二天早起。但我听了故事也能起床啊！"

朋友说："不全是。这会儿已经很晚了，奶奶要休息，故事机的声音会影响奶奶休息。我也知道你第二天能起来，可是你的精神不一定好。老师也跟我说过，你在课上总打瞌睡。"

孩子说："那看书不也一样晚睡？"

朋友说："所以我们只能看15分钟，看到哪一页你可以记下页码，明天继续看。"

这一次，孩子没有抗拒。

朋友继续说："以后睡前我们听15分钟故事，之后如果你想看书，可以看15分钟。这样既不会吵到奶奶，也不会影响你第二天上课。"

这时，孩子马上说："我还有几分钟？那就赶快看吧！"孩子已经从心里接受了这个规定。

复盘这一动作，如果在争论是否关掉故事机的时候进行，一定不能达到效果。当孩子情绪不稳定时，他们的大脑没有足够的带宽开展理性思考。只有等事件翻篇，孩子重归平静时，大脑才允许他讨论、思考、理解、消化每个规定。

朋友拒绝孩子的越界行为时，从头到尾没有说一个"不"字，但用包含三个策略的组合拳清晰地划定了边界。家长对孩子越界行为的坚定拒绝，会帮助孩子面对他人拒绝时淡定应对。

2. 给出留白时间

曾经有家长忧心忡忡地问我：

我家宝贝3岁半，上幼儿园小班。最近幼儿园里的一个好朋友不跟她玩了，她觉得很伤心。她问我："这是为什么呢，妈妈？我和她以前玩得很好的，现在她不跟我玩了。"以至于孩子经常说不想去幼儿园，最后其实也去了。怎么才能让孩子不伤心呢？

这种情况可以概括为：孩子被朋友拒绝后伤心以至于厌学。有没有方法让孩子不伤心呢？或许是有的。不过在找到这个方法之前，我想问：为什么要让孩子不伤心？我想不管是谁，被好朋友远离时，都会感到难过，不仅3岁半的孩子是这样，成人也是这样。被朋友远离之后产生消极情绪，这是正常的。如何应对这种消极情绪是孩子的功课。我们可以陪伴，可以引导，但不能替孩子消化情绪。在干预之前，我们可以给孩子一些时间，让孩子学着消化自己的情绪。

如果我是这位家长，我会告诉孩子："可能因为她有了其他的好朋友，你感到伤心是因为在学校没有人跟你玩了。你可以试试和其他小朋友玩。"然后，给孩子足够的留白时间，允许孩子伤心，也允许孩子自己消化伤心的情绪。此时的不干预，恰恰是孩子成长的最大助力。当孩子有了独自应对被拒绝的丰富经历，未来面对各种被拒绝的情境，他就能淡定对待。

3. 尊重孩子的选择

当说"不"的权利得到尊重，孩子才能坚定地拒绝他人不合理的要求。很多家长会说："我很尊重孩子，穿衣吃饭都让孩子自己决定。"在生活琐事上尊重孩子的选择，这有一定意义，但挑战在于，当孩子的选择与家长的意愿相对时，家长是否依然能够尊重孩子的选择。比如，当字写得很糟糕的6岁孩子拒绝练书法，想要玩积木时，你是否会否决孩子的提议？当孩子拒绝与品学兼优的邻居做朋友，偏喜欢跟成绩差的孩子玩时，你是否会干涉孩子的交友？

真正尊重孩子是指站在孩子的角度，去解读孩子行为背后的原因，发自内心地理解并尊重孩子的选择，哪怕这个选择是我们不希望看到的。

上述两个问题都来自家长的真实咨询，案例最终的走向很出人意料。

6岁孩子写字难看，是因为他的手部活动过少，手部精细肌肉力量不够，无法正确运笔。缺乏手部精细肌肉的生理支撑，书法练习很难有长进，孩子感到挫败，这才排斥书法练习。让孩子多做一些手部精细肌肉练习，比如玩积木、橡皮泥、剪纸等，可以促进手部肌肉发展，促进握笔，自然提升写字的美观度。孩子玩积木，恰恰能解决写字难看的问题。如果家长仅从单一视角去看表象，会觉得孩子懒、不上进，如果其中还伴随着诸如"不练书法，以后就写字丑，成绩差，考不上好学校，找不到好工作"的焦虑，那么家长就容易走极端，各种威逼利诱孩子练书法，结果越练问题越多。在错误的道路上走得越远，错误就越严重。后来，这个家长真正尊重孩子对书法练习的"不"，尊重孩子的"不"之后，孩子的书写反而长进很快。

问题二中，那个孩子为什么会拒绝跟品学兼优的邻居做朋友，而是喜欢跟成绩差的学生一起玩呢？其实，本来三个小朋友是一起玩的。有一次，他们一起学骑自行车，"好学生"本来答应会扶着自行车，但是中途跑去玩泡泡棒，忘了扶车，导致孩子连人带车摔倒了；这时，"差生"过来帮孩子扶起自行车，两个人互相扶着练习骑车，进步很大。从那之后，孩子就跟"差生"约好，不跟"好学生"一起练车了。孩子远离不负责任的人，合情合理。如果家长仅用单一的视角去看，就会觉得孩子不友好，爱跟"差生"混。如此，家长自然就会批评孩子"要跟所有人一起玩"；回家后，还会继续兜售"好学生"的种种优点，试图让孩子抛弃"差生"，亲近"好学生"。可想而知，这样单一视角下的单边政策，轻则让孩子反感叛逆，重则让孩子颠倒是非，失去判断能力。

很多时候，我们不相信孩子有选择的能力，进而选择性尊重孩子——只尊重自己认可的选择。其实孩子有能力选择，选对了，孩子能获得成功的喜悦；选错了，孩子也能在纠错中学习。

4. 示范拒绝技巧

拒绝不仅是生硬地喊"不"，用好下面的拒绝技巧，既不委屈自己，又不冒犯对方。

说**"不，谢谢"**。加上"谢谢"二字，让拒绝变得坚定而礼貌，如"不，谢谢。我不喜欢这个游戏。"

陈述拒绝的理由。这不仅能让对方理解为什么不可以，也让自己显得坚定自信。如："孙悟空木偶容易坏，妈妈说了不能让其他人碰。""不行，我答应了妈妈，放学后马上回家，我不能跟你们去玩。"

喊"停"并走开。走开可以避免对方反复纠缠。比如说"别碰我的汽车"，然后拿着汽车快速离开。

提供其他选项。拒绝对方的同时，给对方提供其他选项，照顾对方感受。比如："玩捉迷藏的人已经满了，你可以去玩积木。"

需要注意的是，被拒绝和被排挤不一样。

拒绝是指明确地表达不接受某个请求、邀请或建议，是个人的权利。而排挤则是故意地将某些人排除在社交圈子之外，不给予他们参与的机会，是一种有意伤害他人的行为。被排挤是一种典型的关系攻击。

不知道从什么时候开始，每次班里的自由活动时间，有两个小朋友都会约着在积木区玩积木。有一次，小橙走到积木区，也想加入，那两个小朋友边推小橙边说："不行，你不能玩。"被推开的小橙只好无奈地离开了。之后的每天，小橙都不被允许进入积木区，而其他小朋友进入积木区时，那两个小朋友并不会阻拦。小橙所面对的情况不是被拒绝，而是被排挤。

孩子可以独立应对被拒绝，但很难应对被排挤。家长和老师应该及时介入孩子被排挤的情况，帮助孩子走出关系攻击。

下面这些练习，可以帮助孩子勇敢拒绝别人，淡定面对被拒绝。

小练习 1： 拒绝还是同意？

这个活动针对家长。家长可以思考，以下常见情况，要跟孩子说"不"吗？如果需要的话，应该怎么说？当类似情况出现时，在本练习的基础上回应孩子。

1. 孩子一定要穿一件破洞 T 恤去亲戚家做客。
2. 孩子 5 岁了，在社交中常处于弱势，被欺负了不敢反抗。小区里的小朋友不让孩子玩滑梯，孩子请求家长帮忙。
3. 孩子坐车时不愿用安全座椅、不愿意系安全带，有时会站在汽车后座上。
4. 孩子熄灯后悄悄躲在被窝里打游戏。
5. 孩子想先在户外玩一会儿，再写作业。

参考答案：

1. 同意。这个诉求不害人不害己，不需要拒绝，可以提醒孩子他可能面对的结果。"你可以穿这件衣服，不过其他人可能会笑话你衣服上的破洞。"
2. 同意。孩子缺乏为自己挺身而出的能力，需要家长的支持和协助。"你可以告诉他们——我们轮流玩。这次我帮你说。"
3. 拒绝。涉及安全，孩子必须使用安全座椅。"你坐在安全座椅 / 你系好安全带，我们再出发。"
4. 拒绝。涉及孩子视力健康，必须制止。"你知道黑暗里看屏幕对眼睛不好，我先把平板电脑拿走，明天再给你。"
5. 同意。需求合理，约定好户外玩耍的时间即可。"可以先玩 30 分钟，你自己计时。"

小练习 2: 给自己的一封信

这个游戏帮助孩子复盘过往被拒绝的不愉快经历,吸取经验。

这个游戏非常适合作为家庭日的亲子活动。在家庭聚会、生日、节假日的时候引导孩子想一想曾被人拒绝而感到伤心的经历,然后给现在的自己写一封信,在信里回答以下问题:

1. 当时发生了什么?
2. 你有什么感受?
3. 最后怎么样了?
4. 你学到了什么?
5. 如果类似的事情再次发生,你会怎么做?

还不会写文字的小朋友可以通过图画的方式把经过和问题的答案画出来,或者孩子口述,家长代为记录。

示例:

亲爱的自己:

我好难过,上个星期发生了一件很不开心的事情。我想和你分享一下我的感受。

当时我在学校,看到一个小组在玩成语接龙游戏,我想加入他们,但是被他们拒绝了。他们说我笨,不能和他们一起玩。当时我很伤心,觉得自己很没用,不值得被接受。我好像什么也做不好,什么都不会,真的好难过。

后来,我和好朋友说了我的感受。她安慰我说,你可以找其他人玩呀,你也可以玩别的游戏呀,别听他们乱说。我听了她的话,觉得好多了。

然后我和好朋友两个人一起玩了接龙游戏。哼,我们可以接十几个成语,根本不像他们说的"我不聪明"。

我现在明白了,他们拒绝不代表我失败,我应该相信自己的能力。被拒绝没什么大不了的,找其他人玩就行了。

小练习 3: 头脑风暴

可以和孩子一起头脑风暴:哪些情况下,我应该拒绝其他人?

设想的场景越具体越好。希望通过几轮的伤脑讨论,形成类似下表的结果。

请不要在一开始就把这个结果给孩子看,而是引导孩子自己说出应该拒他人的场景,在孩子的思绪卡顿时,给出一些提示。

情况	描述	例子
感到不舒服	任何时候,相信并尊重自己的感觉,不舒服时不要勉强自己	从滑梯顶端往下跳看起来很危险,让我很不舒服,我应该拒绝参与

(续表)

情况	描述	例子
时间有限	有时候孩子会接到多个邀请，但时间有限。拒绝某些邀请，才能专注于更重要的活动	加入了足球队，并参加了训练，虽然吉他队也很好，但为了避免时间冲突，应该拒绝吉他队的邀请
不符合规则	如果别人的请求破坏了规则，就应该拒绝	有人请求不做值日，劳动委员就应该拒绝这样的请求
个人兴趣不同	每个人都有自己的兴趣，如果别人的邀请自己毫无兴趣，就应当拒绝	我不喜欢画画，如果有人约我周末去画画，我可以拒绝
能力有限	如果没有足够的能力或知识去完成某个任务，就应该拒绝	同学建议我代表班级表演舞蹈，可是我根本不会跳舞呀，可以拒绝
违反个人道德	被要求做不道德的事情就应该拒绝	被朋友要求撒谎，这时就应该拒绝

社交技能 11：聪明地反击

在某期家长训练营中，一位妈妈发出过这样的咨询：

孩子穿了一件自己喜欢的绿色 T 恤，坐电梯时，电梯里的一个陌生女孩对孩子说："你这衣服好丑。"声音不大，但足够电梯里的所有人听到。孩子当时很窘迫，不知所措，自己一个大人也不好意思跟小孩子计较。出了电梯后，孩子连惦记已久的电影都不想看了，问妈妈能不能回家换衣服。

这个场景立刻勾起了家长们类似的回忆：孩子在社交时被周围的人负面评价，被说"画不好看""字写得丑""衣服难看""声音难听""身材胖""个子矮""动作慢""脑子笨"。这些负面评价多多少少都对当时的孩子造成了打击。

在真实的社交中，孩子必然会面对负面评价，甚至是恶言恶语。如何帮助孩子应对负面评价呢？关键在于教会孩子分清事实和观点。

事实（fact）是已经发生或已知存在的事情，可以通过证据证明，是不受时间、地点、人物影响的客观存在。同一事实对所有人来说都是一样的，我们必须接受。

观点（opinion）是对某一主题的个人看法或判断，无须证明。观点受一个人的感情、经历、认知、价值观的高度影响。不同的人对同一事实可能持有不同的观点。对于某个观点，我们可以选择接受或者不接受。

例如，"糖是甜的"是一个事实。对所有人来说，糖的味道就是甜的，这个可以通过甜度来测量和证明，我们无法否认。"糖很好吃"就是一个观点。对有些人来说，糖确实好吃；对于不喜欢吃糖的人来说，糖就不好吃。再如，"今天30摄氏度"是事实，可以通过温度计证明；"今天有点热"就是观点，你可以接受或不接受这个观点。

面对外部评价，先区分这个评价是事实还是观点。观点受评价人的主观影响，不一定是事实。既然不是事实，我们就可以选择性地接受或不接受某个观点。以"字写得丑"为例。"字写得丑"这个评价是事实还是观点呢？我们首先要弄清楚标准，即什么样的字算美，什么样的字算丑。对于小学生，普遍能接受的标准是：笔画清晰，排列整齐，横平竖直，书写正确。这样的字是美的。孩子写的字是否符合这个标准呢？如果符合，那别人"字写得丑"的评价就是一个观点，孩子可以不接受；如果不符合，表明别人的评价是一个事实，孩子的字确实写得不好。如果在意别人的评价，那孩子就去改正自己的书写，让字写得更美。

区分事实和观点是撬动思辨外部评价的钥匙。会思辨的人不会轻易被他人的评价左右，他们有自己的理性判断，能驳回诋毁，也能从善如流。

当孩子在社交中被人负面评价，很多家长容易掉入"驳回陷阱"——驳回负面评价，简单粗暴地告诉孩子"他说得不对，不要听他的"或者"我觉得这个很好看"。这样操作存在两个问题。

一方面，治标不治本。家长的驳回只是丢给孩子另一个观点，试图用一个正面观点去中和负面观点，在这个过程中，孩子始终被别人的观点牵着走。如果孩子不能自己区分事实和观点，那么就会一直陷入靠外部评价来维持自我感觉的被动局面。真实的世界里，不可能有一个"永动夸夸机"持续夸孩子。孩子能客观评价自己才能化被动为主动，为自己稳定输出积极评价。

另一方面，可能让孩子错失学习机会。外部评价有时有一定道理，且提示了孩子的不足。我们不能因为这个评价让孩子感到难过，就无视孩子的不足。这时，分析不足并提供改进办法，才能帮到孩子。

我闺密的儿子笑笑，喜欢踢足球。有一次笑笑在足球场被同学群嘲"又胖又矮"，为此笑笑难过了很多天。客观来说，对标10岁儿童的身高体重标准，笑笑确实超重，也确实矮。肥胖的原因在于笑笑食量过大，吃饭狼吞虎咽，家人劝说也不听。个子矮的原因一方面因为遗传，另一方面则是运动不多。如果笑笑继续维持多吃少动的生活习惯,那么他只会在"又胖又矮"的道路上继续发展,未来也会受到更多的负面评价。

此时恰恰可以利用笑笑因负面评价而难过的时机,帮笑笑正视饮食和运动问题。闺密也没有粗暴地驳回他人的负面评价,她跟孩子进行了下面的对话:

"你觉得自己胖吗?"

笑笑点点头。

"为什么胖呢?"

笑笑点头,又摇头,说:"吃太多了。可我吃得也不多呀!"

"你觉得你吃得不多,这是你的观点。我们来看看事实。医生说,10岁的儿童应该摄入1800~2400千卡的热量,对应300~400克的碳水化合物、70~80克的优质蛋白,以及70克左右的优质脂肪[①]。这个标准换算成食物就是2碗米饭、10块红烧排骨,多吃蔬菜。你看看你每天吃的东西,在建议范围内吗?"

笑笑摇摇头,他回想起自己一顿就要吃2碗米饭,遇到红烧排骨和红烧肉可以吃一整盘,蔬菜就不怎么吃。

"医生还建议,吃饭要细嚼慢咽,一顿饭吃30分钟左右[②]。你每次吃饭多长时间?"

笑笑没回答,他回想起自己狼吞虎咽的样子,经常爸妈才吃了一半他就已经吃完了。

"你看,按照医生说的,你就是吃太多了、吃饭太快、运动量不够。所以你确实超重了,个子也不高。'又胖又矮'是别人的观点,严格来说这个观点不算错。如果你真的在意,就要健康进食,多运动,那样你才能变瘦长高。"

---

① 根据中南大学湘雅三医院儿科副主任医师陈志衡在百度健康上的建议。
② 根据武汉大学人民医院儿科副主任医师石清照在有来医生上的建议。

笑笑依然有很多问题:"那我吃不饱饿了,怎么办?""我做什么运动呢?""我做到了还是胖,怎么办?"

闺密说:"这些是你的疑问和担忧,我们一项项分析。"

于是,闺密带着孩子分析了各种食物的热量和营养价值,一起制定了健康又营养的食谱,探索了容易开展的运动。整场对话,她都没有回避他人的评价,而是客观地分析现状,帮孩子正视问题、寻找解决方法。这不仅仅是一堂教科书级别的区分事实和观点的课,也是一堂生动的营养学课。

通过这场对话,他人的负面评价不仅没有导致笑笑消极,反而促进孩子健康进食、加强运动。之后,笑笑又拉着爸爸制订了严格的健身计划,不到一个月就能做30分钟的开合跳,体重、体形也得到了极大改善。只是身高依然偏低,在班里属于个子矮的。足球课上,笑笑的表现依然不好,会被队友嫌弃"跑太慢,个子矮"。

面对这个评价,笑笑是这么跟妈妈说的:"妈妈,我就是跑不过他们,因为我个子矮、腿短,没办法,你和爸爸也不高,我以后可能也长不高。我还是不跟他们比足球了吧,反正学校足球队也不要我。我还是选架子鼓吧。架子鼓不要求身高,我肯定能打得比他们好。"笑笑没有因为他人的负面评价而闷闷不乐或气急败坏,而是客观地看待自己的优点和缺点,淡定地接受不能改变的事实,勇敢推进可以做出的改变,积极寻找自己擅长的领域。

当10岁的孩子能够区分事实和观点,就能呈现出笑笑这样的能力。最后,被校足球队淘汰的笑笑,凭借架子鼓成功入选架子鼓校队,并在学校活动上进行了精彩的表演。这一切都源于闺密跟笑笑开展的那场"事实与观点"的对话。

那么,我们如何教孩子学会区分事实和观点呢?

一方面,以身作则。我们自己先养成区分事实和观点的习惯,提高辨别能力，增强批判性思维。这一点可能是最难的。美国的民调机构曾经对5000多位成年人进行测试，以此了解他们能否区分事实和观点。结果，有25%的人全部回答错误，全部回答正确的人也只占25%。这个测试显示，大多数人都无法完整区分事实和观点。在生活中，我们很容易混淆事实和观点。比如下面常见的媒体言论，是事实还是观点呢？

1. 明星收入过高，政府应该限制明星的高收入。

2. 房价十年涨了十倍，导致越来越多的人买不起房。

3. 西方的教育比中国教育更尊重儿童的个性发展，所以中国教育应该学习西方。

4. 重庆一公交与逆行轿车相撞后坠江，女司机被控制，动画示意路线图。

以上言论全部都是被包装成事实的观点，难以得到证实或者无法证伪。第4条甚至直接歪曲了事实，某媒体在事故调查结果尚未公布前发布了不实信息，导致女司机被网暴。一起15人丧生江底的重大交通事故经过多轮反转，让轿车女司机、公交车司机、公交车上的闹事乘客刘某、车上的其他13位乘客及其家人，先后被广大网友谩骂侮辱。媒体在不清楚事实之前跟风报道，众人对女司机持有刻板偏见，网友们容易被带节奏等"轻视事实"的现状在一起交通事故里被展示得淋漓尽致。如果事件的所有参与方都有区分事实和观点的习惯，或许这出悲剧所造成的伤害不会在网上被多次放大。

家长需要形成区分事实和观点的习惯，并提高辨别能力。这种能力不仅能防止自己迷失在铺天盖地的信息里，更能帮助孩子从小独立自主，明辨是非。

> 我们听到的一切都是一个观点,不是事实。我们看到的一切都是一个视角,不是真相。
>
> ——马可·奥勒留

图 7

另一方面,尽早开始。教孩子区分事实和观点,从幼儿园就可以开始。比如:孩子说"西西是个女孩子",我们可以说"这是事实";孩子说"西西很胆小",我们可以补充"这是一个观点,你为什么这么认为呢?"美国幼儿园从孩子3岁开始就会和孩子进行这样的对话,帮助孩子区分事实和观点,养成独立思考的习惯。

我曾经在美国的课堂上看到这样两个场景:

场景一:女孩A的球被男孩B拿走了,女孩一边追一边喊"蠢货(stupid)"。两个人最后跑去找老师告状,女孩说:"他抢我的球,他是个蠢货。"男孩则气呼呼地说:"谁让她喊我蠢货的,她真坏。"

如果你是家长,你会怎么做?

我见过一些家长的处理方式是这样的:"你(指着男孩)把球还

给别人,你(指着女孩)不能叫别人蠢货,听懂没?快去玩吧。"

甚至有些家长会批评女孩:"这个球你都玩那么久了,别人玩一下怎么了,你应该大方一点儿。"或者批评男孩:"谁让你拿别人东西的,本来就挺蠢的。"

拥有几十年教龄的玛丽老师是这么处理的:

"你们两个轮着说,一人说的时候,另外一个人不能打断。现在A先说。"

女孩A说:"他抢我的球,他是个蠢货。"

老师说:"嗯!他抢你的球,这是个事实,我也看到了。他是个蠢货,这是你的观点。你真的认为他是蠢货吗?"

女孩愣了一下,点点头。

老师反问:"什么是蠢货呢?"

女孩愣住了,摇摇头。

老师说:"如果一个人不能思考、什么都不会,这才叫蠢;而且'蠢货'是个糟糕的词,是骂人的话,其他人听到会很生气。你还觉得他是个蠢货吗?"

小女孩再次摇摇头,对着男孩说:"对不起。"

男孩也不顶嘴,接受了小女孩的道歉,并说:"没关系。"

这时,老师继续问男孩:"如果别人的观点让你不舒服,你应该怎么办?"

小男孩想了想,说:"喊'停下'。"

老师说:"是的,你可以喊'停下',也可以说'你说得不对'。"

这场对话化解了冲突,也教会小朋友分辨事实和观点并正确表达。

场景二：学校新来的校医到班里跟小朋友打招呼，校医说话风趣幽默，小朋友都很喜欢跟她聊天。这时，小朋友A童言无忌地说："老师，你好胖。"

小朋友B说："我觉得老师不胖，老师比我妈妈瘦。"

小朋友C说："老师就是胖，比我妈妈胖。"

这时，校医问大家："什么是胖呢？"

小朋友不说话了。

校医开始在白板前边说边展示：

"医学角度上用BMI来定义胖。BMI=体重（kg）÷身高^2（m^2）。

"如果BMI小于等于18.5，就表明体重过轻，太瘦了。

"如果BMI在18.5和24.9之间，表明体重是正常的。

"如果BMI在25.0和29.9之间，就表明体重超重。

"如果BMI大于等于30.0，就表明肥胖。超重和肥胖就是我们说的胖。"

这时，校医问："你们想不想知道我的BMI？"

小朋友们齐声说："想。"

校医把自己的身高和体重写在白板上：62 kg，1.63 m。

这时已经有小朋友去拿iPad计算了，然后很快得出结论：23.3，然后对照着BMI表，大声说："老师你的体重是健康的，你不胖。"

这时，全班没有人反驳，大家都表示认可。

校医接着说："是的，我的体重是标准的。不过我的体型可能看起来有些胖，因为我工作太忙，很久没有运动了，脂肪有点多，肌肉有点少。其实就算同样的身高和体重，体型看起来也会非常不一样。"

小朋友们都好奇地等着校医老师继续说。校医老师跟小朋友们继续聊了体脂率，聊了小朋友的标准体重的计算方法。一堂精彩的生理健康课和数学课就在引人入胜的聊天里结束了。相信参加了这场聊天的小朋友,当被别人评价身材的时候,他们都能区分事实和观点,客观地看待自己的体重和体型,积极践行健康的生活方式,而不是因他人的评价纠结苦恼,更不会因为他人的评价而自卑自弃。

如何帮助孩子积极应对他人的负面评价呢?家长和孩子可以一起做以下练习。

小练习1:事实还是观点?

这个练习,特别适合用作聊天的主题。在路上、睡前、排队时,我们就可以利用碎片化的时间,跟孩子聊一聊:以下描述,是事实还是观点呢?结论其实不重要,重要的是得出结论的思考过程。

描述	事实还是观点	为什么
未满22岁的人喝酒是错误的		
钻石是地球上最硬的物质		

（续表）

描述	事实还是观点	为什么
考试成绩好的学生才聪明		
学习文具变得越来越贵了		
数学考试不及格的人脑子很笨		
一个人的钱越多，就表明他越成功		
小朋友吃得多才健康		
电子屏幕看多了对眼睛不好，所以每看15分钟屏幕就应该让眼睛休息一会儿		
男生比女生更擅长编程		
外向的孩子朋友更多，更受欢迎		
非洲人很穷，很多非洲孩子都没机会上学		

小练习 2： 被人这样说，你该怎么办？

这个练习，可以亲子共同完成，也可以由孩子单独完成。练习的话术是：如果你是小明，被人这样说，你该怎么办？

这个练习能帮孩子预设不同场景中遇到的各种评价，并思考应该如何应对他人的评价。当然，即使孩子知道怎么做，也不一定能做到。面对真实的负面评价时，他们可能依然不知所措。但这样的思考训练，能让孩子初步明白：我们不能决定别人怎么想、怎么说，但我们可以决定如何对待他人的观点。

场景一：小明近视了，爸爸带他配了副眼镜。到学校后，有小朋友说："哈哈，你看你，变成'四眼田鸡'了。"

_____

_____

场景二：小明重新配了一副眼镜，这副眼镜是爸爸和小明一起选的，他们都很喜欢。同桌看到这副新眼镜，说："这副眼镜太丑了，你眼光怎么这么差。"

_____

_____

场景三：小明在班上分享自己新读的一本书。有个小朋友偷偷说："又是书，每次都是分享书，真是'书呆子'。"另外一个小朋友也附和着说："就是！眼睛都近视了还看书。"

———————————————————————————

———————————————————————————

场景四：体育课上，小明又是全班跑得最慢的一个，朋友看不下去了，跑过来陪着他跑，边跑边说："哎呀，你就是平时运动太少了，多运动才能跑得快呀。"

———————————————————————————

———————————————————————————

答案示例：

场景一：你这样说让我很不舒服，请不要这样叫我。戴眼镜是为了看得更清楚，很多人都戴眼镜，这很正常，不需要大惊小怪。

场景二：这是你的观点。我不觉得这副眼镜丑。我和我爸都很喜欢这副眼镜，我们和你的眼光不一致而已。

场景三："书呆子"不好听，可以叫我"小书虫"。书里的故事特别精彩，我很喜欢书，就像你们喜欢足球、积木一样。而且我觉得读书是特别好的爱好。我不会因为近视了就不看书。不过我会更注意眼睛休息，不要让度数加深。

场景四：体育课后，小明对朋友说："我每次都跑最慢，看来我就是体力太差了，以后要多运动才行，不然每次体育课跑步都很痛苦。你陪我一起运动好不好？"

第 6 章

有效处理冲突

2022年11月8日，一则"孩子被同学打伤，家长上门掌掴5岁幼儿"的新闻冲上热搜。事件的始末是这样的：

江苏南京玄武区某幼儿园的两个学生在争抢玩具的过程中，一个小朋友不小心用尖锐的塑料玩具戳到了另一个学生，导致对方头皮有一厘米左右的擦伤。被戳同学的父亲胡某，到对方家里讨要说法，在争论过程中给了小朋友一耳光，导致小朋友仰面倒地。看到孩子被打，爷爷起身出手阻拦，手持塑料椅、木椅等与胡某发生肢体冲突。胡某继而把六十多岁的爷爷推倒在地，导致爷爷右腿断裂。之后，胡某被警方刑拘调查。据说胡某被刑事拘留之后，胡某的孩子整夜哭泣，胡某的妻子为了减轻法律制裁到对方家里下跪道歉，而胡某则被刑事拘留，为孩子未来的政审留下了污点。

本来是儿童间常见的社交冲突，因为家长处理不当，变成了一出家庭悲剧。

在2岁左右，儿童开始与同伴产生互动。互动的开始意味着社交冲突的开始。凡是肢体或情绪上冲撞到他人，都可能引发社交冲突。

以下场景，你或你的孩子是否经历过？

1. 一个女孩不小心碰到了男孩在沙池里垒砌的城堡，小男孩把皮球狠狠地扔到女孩身上。（4岁的男孩）

2. 想和对方玩游戏，却不知道怎么表达，男孩就不停用手指戳对方，对方则翻了个白眼，转身离开了。（6岁的男孩）

3. 女孩悄悄对同桌说："你看她，多胖呀，等会儿跳格子，她肯定又拖后腿。"（8岁的女孩）

4. 男孩悄悄把水滴在同桌的凳子上。看到同桌的裤子湿了，就好像尿裤子了，男孩哈哈大笑，继续在其他同学的凳子上滴水滴。（9岁的男孩）

5. "我最好的朋友告诉我，'如果你再跟××玩，我就不做你的朋友了'。"（10岁女孩的自述）

6. "我和我最好的朋友吵架了，然后她就完全不理我了。"（12岁女孩的自述）

7. "有个男孩对着全班所有人说，我偷了他的东西，我根本就没有，我只是不想把新书借给他。"（12岁男孩的自述）

8. "有三个男孩叫我'老鼠'，骚扰我，还用扫帚打我。"（12岁女孩的自述）

9. "两天前，我最好的朋友说'给我做作业'，我说'不行'，然后他用手勒住我的脖子。"（12岁男孩的自述）

10. "有一天，我坐在公交车上，一个男孩无缘无故过来打我。"（12岁男孩的自述）

冲突是生活的一部分，无法避免。问题不在于冲突本身，而在于我们应对冲突的方式。冲突领域的研究者及作家海伦娜·科尼利厄斯（Helena Cornelius）和肖莎娜·费尔（Shoshana Faire）提过"破坏性地应对冲突会导致压力、焦虑、孤独、怨恨、被压抑的愤怒、疲劳、疾病等"。

一位教授的发言在推特上获得2万多点赞："如果一个孩子可以做奥数竞赛题、说流利的中英文，每次考试接近满分，但是不能解决社交冲突，不能管理情绪和压力，那么所有学术优点都不值一提。"

社交上持续消耗会抹杀孩子其他领域的光芒。尽早教会孩子建设性地处理社交冲突对孩子健康的社交至关重要，这一章我们一起来探讨冲突的本质和有效化解冲突的策略。

社交技能 12：提高社交免疫力

我曾收到过一位家长的咨询：

涵涵 3 岁，经常遇到玩具被抢的问题。公共场合的公共玩具，涵涵玩时，常被其他孩子抢，被抢了之后他一边哭喊"要排队"，一边追过去要玩具，每次都以失败收场。

他经常惨兮兮地问我："妈妈，你说抢别人东西是不对的，玩公共玩具要排队，为什么那个姐姐要抢我玩具？我是不是也可以抢？"然后他就学着霸道孩子去抢别人玩具，但由于年龄小又抢不过别人，最后还是坐在地上哭。

我试过教涵涵好好说"还我玩具"，但对方不还，还很凶。

试过教涵涵"换个玩具"，可是涵涵不接受。

也试过开导"姐姐抢东西是不对的，所以姐姐没有朋友；涵涵懂礼貌、守规则，就会有很多朋友"。涵涵直接说："我不要朋友，我要我的玩具。"

感觉涵涵在抢玩具这件事上次次踩坑，每天因为抢玩具哭好几回。

我应该帮着涵涵抢玩具吗？我该怎么回复开导涵涵呢？他的社交环境很糟糕，社交能力也差，我该怎么办？

你是否见过社交冲突不断的孩子？今天跟人吵嘴，明天和人打架，每天事儿特多，就像天天因为抢玩具哭鼻子的涵涵。社交冲突不断有个形象的说法是"社交免疫力差"，就像身体免疫力差的小朋友更容易生病，社交免疫力差的小朋友更容易陷入社交冲突。而社交免疫力强的朋友，在各种社交环境里游刃有余，处事温和淡定，很少陷入社交冲突。

解决社交冲突的第一步是提高社交免疫力，让孩子在社交问题面前自带防护，更少陷入冲突。提高社交免疫力，需要家长掌握三方面的知识：1. 分辨冲突解决的类型；2. 理解冲突解决的发展；3. 提高社交免疫力的三个方法。

冲突解决的类型

解决冲突的方法有很多。如何对其分类呢？其中应用最广的是美国应用心理学家罗伯特·布莱克（Robert Blake）博士和简·穆顿（Jane Mouton）博士的二维冲突解决模型。这个模型认为，社交冲突中人主要从两个维度来考虑问题：1. 关注实现个人的目标；2. 关注维护和他人的关系。按照对目标和关系的关心程度不同，可以把冲突解决分为五类：

1. 双赢（problem solving）。既关注关系也关注目标，尽可能找到既实现双方目标又令双方都满意的方案。这要求强大的共情能力和解决问题的能力，最终实现双赢局面。

2. 讨好（smoothing）。较多关注关系，较少关注目标。这类人可以牺牲一些个人目标来维护关系。表面上一团和气，其实委屈自己，利人损己。

3. 回避（withdrawal）。对关系和目标的关注都不多。表现为直接回避冲突，否认冲突的存在；当冲突发生时，被动应对。面对冲突时，这类人扭头就走，看起来很高明，但可能陷入双输局面，不利人、不利己。

4. 强迫（forcing）。不关注关系，更关注目标。为了达成个人目标，可以不顾对方感受，强迫对方实现自己的目的。结果是一输一赢，损人利己。在国际舞台上，这种冲突应对类型可能导致战争。

5. 妥协（compromising）。关系和目标都关注一点儿。舍弃一些目标和关系，找到折中的妥协方案，有和稀泥的嫌疑，在难以达成双赢局面的情况下，可能是退而求其次的选择。

如果用象限图来呈现，横轴是对目标的关注，纵轴是对关系的关注，那么五种冲突解决类型在象限上的位置如下图所示：

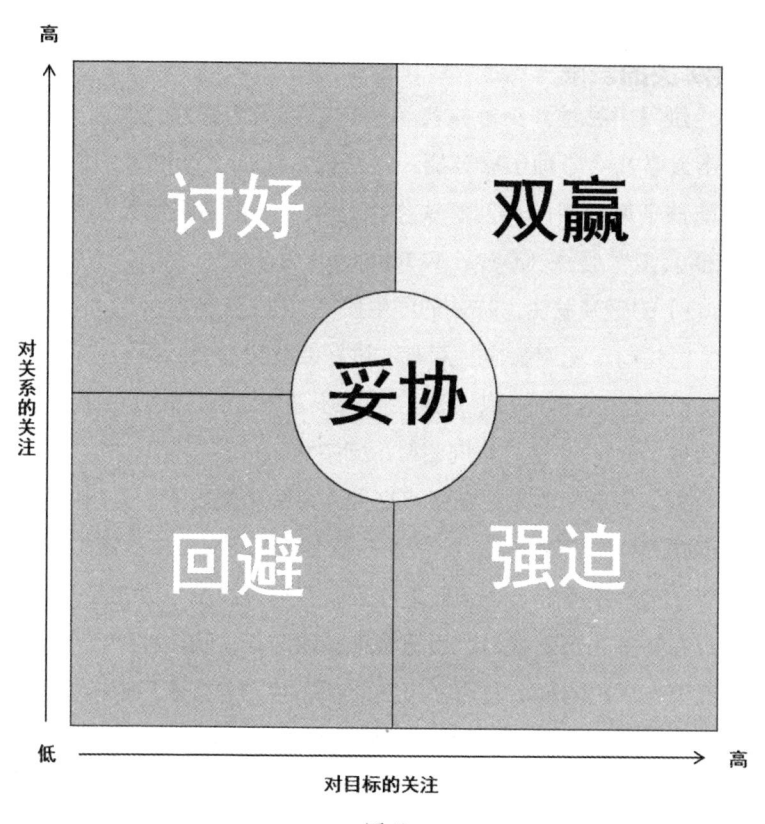

图 8

这五类冲突解决类型中,双赢和妥协是建设性的冲突解决类型,能够兼顾目标和关系,推进解决问题,增进关系发展;而讨好、回避、强迫是破坏性的,以牺牲目标或关系为代价,难以解决问题;其中强迫性冲突解决类型又有不同的体现形式,如使用肢体或语言。

冲突解决的发展

儿童采用哪种冲突解决类型和年龄有密切关系。根据美国纽约城市大学社会心理学家苏姗·奥普托(Susan Opotow)的研究,学龄前孩子最常用的冲突解决类型是强迫。美国明尼苏达州立大学教授大卫·强生(David W.Johnson)和罗格·强生(Roger T. Johnson)的研究发现,97%的学生使用过强迫;六年级到九年级的学生,更倾向于使用强迫、回避、讨好来解决冲突。概括来说,在没有干预和指导的情况下,儿童会倾向于破坏性的方式应对冲突(强迫、回避、讨好),这种倾向会持续到中学。

特别值得一提的是,在强迫这种冲突解决类型下,不同年龄会偏向不同的具体应对方式。学龄前儿童会频繁使用肢体动作(打人、推人等)来解决冲突,导致肢体冲突,特别是涉及争抢物品时。肢体冲突在2岁达到高峰,之后随着年龄的增长,肢体冲突的频率下降,而语言攻击的频率上升。10岁之后,伴随着孩子自控能力和社交能力达到一定水平,肢体冲突已经很少见。

社交免疫力差的孩子会习惯性使用破坏性的方式解决冲突,一味地强迫、回避、讨好,反复陷入社交冲突的旋涡,就像涵涵那样。破坏性的冲突解决方式会引发成绩差、低自尊、压力以及暴力等问题,所以冲突解决(conflict resolution)在近几年获得了教育研究及实践者越来越多的关注。大量欧美学校引入了系统性的冲突解决项目,帮助孩子掌握建设性解决冲突的方法。

引导孩子采用建设性的冲突解决类型(解决问题、妥协)能有效增强孩子的社交免疫力,帮助孩子更少使用暴力,具有更高的亲社会行为和人际交往技能、更好的心理健康水平及学业成绩。

增强社交免疫力的三个方法

关于如何提高孩子的社交免疫力,本书提取了适合应用在家庭场景里的三个方法。

1. 评估问题,摆正期待

以下这些高频社交问题咨询,你是否也有类似困惑?

问题一:孩子刚上幼儿园,他个子高、力气大,控制不好力度,有时和小朋友玩闹,他会推倒小朋友,已经发生过几次了。我们教过孩子不能推人,在家模拟的时候他也能做到,可一旦跟人冲突了,他还是会用肢体冲撞对方。

问题二:我女儿2岁4个月,没有固定的玩伴。小区里小朋友也不多,偶尔在小区碰到其他小朋友,她也不互动,大部分时间感觉还是挺孤独的。我们应该怎么办?

问题三:孩子最近经常说幼儿园有两个小朋友会抢他的玩具。昨晚,他说小朋友抢了他的车轱辘。因为我在学车,我就假装说:"今天有人抢妈妈的车,我大声说不能抢,就把车抢回来了。"我儿子居然说:"妈妈,你把车抢回来了,那个人生气了吧!"我听完后第一反应就是,讨好型人格,太恐怖了!他委屈自己不反抗,居然是怕对方不高兴?我平时经常教他说出自己的想法、交换玩具之类的方法,我也跟老师沟通过了。我想知道,还有更好的办法或做法吗?

在回答这些问题之前,我们需要先评估问题并摆正期待。

评估问题指的是评估这是不是问题以及问题的重要度。小问题花大力气解决,就像大炮打蚊子,吃力不讨好。要评估问题的重要性,可以参照两个标准:一是这个行为是否明显偏离儿童这一阶段的社交特点；二是是否明确伤害了自己或他人的身心健康。这两项中，如果结果都是"是"，则提示有问题且比较严重，需要干预；如果有一项是"是"，则提示可能有问题，但不严重，视情况决定是否要干预；如果两项都是"否"，那么这大概率不是个问题，家长不需要干预。

按照这个标准，问题一中，推人可能伤害其他孩子，需要干预；问题二和问题三中，孩子的行为符合年龄特点，且不害人、不害己，情况正常，不用上纲上线贴标签。

摆正期待指的是，当明白了问题的重要度后，不论问题有多么重要，我们的期待应该符合孩子当下的发展水平。换言之，家长要能意识到孩子目前处在成长进度条的什么位置，并设置和进度相符合的期待值。如果试图人为快进，则会挫败孩子，阻碍孩子成长。

对于问题一，推人确实是问题，但干预之后的期待，不应是孩子从此不再推人。对于刚入园的孩子来说，他对手部力度的控制能力比较弱，完全杜绝肢体冲突是不现实的。符合孩子当下发展进度条的期待是孩子能意识到推人是不对的，并尝试用其他方式来解决冲突，出现推人行为后能道歉。

按照评估问题，摆正期待的思路，对上文的三个问题进行总结，可以得到下表呈现的结论。

问题	是否偏离阶段	是否害人害己	问题重要度	合理期待
教孩子不能推人,但不管用	否	是	有问题,但不严重	孩子知道推人不对,推人后能意识到错误并道歉
不跟其他小朋友互动	否	否	没有问题	孩子有互动最好,没有也行,允许孩子观望
怕别人生气,不敢要回自己的玩具	否	否	没有问题	孩子可以换个玩具,交换玩具,或喊停。允许孩子共情

2. 爱憎分明,着眼优点

有一次,一位家长问我:"跟人打招呼的时候,孩子喜欢把玩具蹭到对方身上,或者用手用力拍对方,直到对方跟他交流。有时别人不开心了,孩子也不知道。面对这种情况,我该如何沟通引导孩子呢?"

我反问:"孩子用玩具蹭你或者拍你的时候,你有没有明确地说'这样做很讨厌'?"家长摇摇头。

孩子受限于认知发展水平,换位思考的能力弱,对社交信号的捕捉能力也比较弱。家长需要明确说出哪些行为"好",哪些行为"不好"。

对于"好"的行为,肯定并鼓励;对于"不好"的行为,坚决反对。比如,"用玩具蹭别人很讨厌,你可以问他想不想玩""用手拍别人是不对的,你可以叫他的名字"。

有了爱憎分明的基础,家长应该着眼于孩子的优点,尽量把注意力聚焦到自己想看到的行为上,而不是盯着不想看到的行为喋喋不休。当孩子知道什么是"好"、什么是"不好",并且知道做好了就能得到更多关注时,他就没有动力"不好"。孩子在社交中屡教不改,恰恰因为家长在孩子犯错时屡次教育,在孩子做对时则无动于衷。家长紧盯孩子的错误行为,会不断强化一个错误信号:我做错了,爸爸妈妈才管我。孩子可能经常用玩具戳别人,但他也一定有偶尔叫出对方名字的时候,我们是否及时捕捉到了孩子喊名字的正确行为,并以言语肯定呢?"刚才你喊朋友的名字,他没听到,你就叫了好几次,没有用手拍她。你朋友肯定觉得你很有礼貌。"

每一个抱怨"说了很多次孩子都不听"的家长,都在孩子的错误行为上倾注了太多的关注,越想纠正,孩子就越错。将有限的关注聚焦到孩子正确的行为上,这种关注本身就是对正确行为的最大鼓励。

3. 提高情绪管理能力

在社交情境中,你家孩子有没有过情绪暴走的时候?有没有哭泣、捶打、吼叫?有家长咨询过这样的问题:

最近,孩子不愿跟一起玩的小伙伴分开,每次道别时都暴哭。今天,他硬把小伙伴拉到家里吃晚饭,吃完饭后还要跟着小伙伴回对方家继续玩。被拦住之后,他哭了好久,无论怎么沟通,他都不接受。第二天,他又会开始新一轮的哭闹。

这已经不是单纯的社交问题了,而是社交需求未被满足而引发的情绪问题。社交问题和情绪问题就像一对双胞胎,很多时候相伴出现。情绪管理能力指的是，孩子学会识别、理解、标记、表达、调节情绪的能力。孩子能识别和表达自己的情绪，解读他人的情绪，才能建设性化解社交冲突。提高情绪管理能力，就是提高社交免疫力。具体来说，我们可以尝试使用这些方法，来提升孩子的情绪管理能力。

给低龄儿童选择的机会。 低龄儿童思维能力弱，很难理解为什么晚饭之后不能去别人家，为什么被拒绝了不能吼叫、捶打。当孩子陷入坏情绪时，讲道理很难起作用。我们可以在坚持底线的同时，给孩子相对可以接受的选择，转移孩子的注意力。比如："去别人家是肯定不行的，你可以去玩积木或者听爸爸讲故事。""吼叫是没用的，那是别人的玩具。你可以去挖沙子，或者滑滑梯。"

多使用情绪词汇。 从婴儿期开始，孩子开始将情绪用语言表达出来。将语言与面部表情配对，这有助于孩子理解情绪。鼓励孩子通过解读他人的身体语言来产生共情："那个男孩很不高兴，他哭了，因为有人抢走了他的玩具。"介绍一些与冲突相关的情绪词汇，如害怕、焦虑、生气、愤怒、担心、紧张、沮丧、困惑、孤独、被欺骗、被忽视、被排斥、尴尬、无足轻重等。帮助孩子解释他们的情绪："你看起来很生气。因为拼了好久都拼不出这个乐高，感觉很挫败。"

不代办，不纵容。 看着孩子在社交冲突里挣扎时，很多家长会觉得难过，进而代替孩子解决问题，或无原则满足孩子。比如，替孩子去索要玩具、放任孩子推搡他人、任由孩子跟着朋友到对方家里。这种代办和纵容不是解决问题，而是剥夺了孩子自己解决问题的机会。在挣扎中学会解决冲突且调节情绪是孩子的课题，我们无法代劳。不代办、不纵容，孩子才能在社交冲突里学习成长。

生活中，我们可以引导孩子通过以下两个练习来提高自己的社交免疫力。

小练习 1： 测量问题的尺码

不仅家长需要评估社交问题的严重度，孩子也需要。我们可以引导孩子想象自己有一把尺子，用来测量问题的严重度，如下图所示。从小问题到大问题，分别用数字 1~5 和不同的颜色标记。

问题尺码表：大问题 vs 小问题

大家认为是 大问题	5	
	4	
大家认为是 中等问题	3	
	2	
大家认为是 小问题	1	

图 9

"1"指的是伤害很小的问题，不解决也没关系。比如，同桌转身时，胳膊肘不小心碰到了我。

"2"指有一些损失，但影响不大，容易解决，也能挽回关系。比如，同桌不小心碰到我，导致我手里的钢笔掉地上摔坏了。

"3"代表损失中等，有些难办，孩子能独立解决且伤害不持久。比如，好朋友邀请了所有人过生日，但唯独没有邀请我。

"4"代表损失较大，较难办，孩子能试着独立解决，但是伤害较持久。比如，同学故意传谣我偷了班长的钱，全班同学看我的眼神都变了。

"5"代表损失很大，可能涉及重大伤害，孩子难以独立解决，需要立刻向成人求助。比如，我把篮球砸到小朋友脸上，小朋友流鼻血了，大家束手无策。

小朋友可以试着在问题尺码表对应的尺码下填入自己遇到的一些问题。

不同尺码的问题，应该有不同的解决方法。尺码越大，我们的回应方式越剧烈，解决过程也越复杂。如果发生1码问题时，我们用解决5码问题的方式回应，就很不妥当。比如，孩子被人不小心踩一脚，就向老师告状、求老师帮忙。再如，同桌未经许可拿了自己的铅笔，自己把同桌的书扔地上还大呼小叫。这就是量错了问题的尺码，用了错误的尺码回应。这样的小朋友在班里通常是不受欢迎的。

人们在意的东西不一样，对同一问题的评估也就不一样。量问题尺码的过程带有主观性，我们不追求标准答案，用自己当下最好的判断即可。孩子和家长可以试试下面这些练习。

孩子的练习：小明遇到了下面这些问题，请你帮帮小明，测量一下每个问题的重要程度。你也可以试着把自己遇到的问题记到相应的尺码下面，并想想自己可以怎么回应。

问题	测量结果	小明应该如何回应呢
小明出去玩会带很多玩具，其他人想玩小明的玩具，小明不分享，把小朋友都气走了。有个小朋友对着小明喊"小气鬼"。		
小明在小区里玩滑梯，新来的几个大孩子说："走开，这是我们的地盘，你不能玩。"		
一个小朋友拿了小明的玩具玩，小明气得大喊，并打了这个小朋友的胳膊。		
小明班里有个超重的同学，小明当着全班的面嘲笑这个同学，说："他胖得像猪一样，恶心！"		
小明正在玩攀爬网，旁边的小孩把攀爬网当足球网，不停地往攀爬网上踢足球，小明好几次差点被足球砸到头。		

（续表）

问题	测量结果	应该如何回应呢
我遇到的社交问题1：		
我遇到的社交问题2：		
我遇到的社交问题3：		

家长练习：家长可以测量一下以下问题的尺码。

问题	测量结果
孩子4岁，跟熟悉的人在一起很活泼，说话声音很大，但是遇到陌生人，他就会害怕，说话声音也变小。被同学抢走东西，他会主动让出，并保持沉默。	
客人5岁的孩子，从自家2岁的孩子手里抢走玩具。	
客人5岁的孩子玩的积木倒了，自家2岁的孩子去帮忙捡，结果反而被对方说"走开"，并被推了一下。	
小朋友7岁，每次见到大人，除非是熟悉的家人，否则不打招呼。不熟悉的人给她吃的，哪怕大人明确表示可以拿，孩子也不会伸手去拿，而是要大人帮忙拿。	

（续表）

问题	测量结果
孩子10岁，玩警察抓小偷游戏，每次他都被要求演小偷，他不想演，别人就说："不演小偷，你就别玩了！"	
孩子总喜欢打断别人讲话，有时我和姥姥在讲话，她就凑过来，"姥姥，我和你说……"或者"妈妈，我和你说……"	
小桃11岁，有一天听到同桌对其他小朋友说："就是小桃把××的笔记本藏起来了。"其实小桃根本没这么做。	
孩子被同桌造谣，怀恨在心，对所有朋友说："同桌是骗子，你要是跟他玩，我就不理你了。"	
孩子12岁，他在操场上跑，不小心把误入跑道的低年级小朋友撞倒了。小朋友磕到了下嘴唇，流了很多血，大哭不止。	
孩子和同学争气球充气筒，充气筒的尖嘴不小心戳到了一个同学的头上，被戳伤的同学大哭，头皮也被擦伤了。	

对于不同的问题，家长帮助和干预的程度也不同。一般来说，按照干预程度由低到高、层层加码，可以分为：

彻底放手不管；

密切注视，不干预；

语言指导；

语言指导+动作示范；

手把手带着教；

完全代办。

采用哪种程度的干预，取决于对问题重要度的测量结果。如果是1~2分的问题，孩子也能独立做到，那家长就可以彻底放手不管；如果是5分的问题，家长就要先完全代办。对于学龄前孩子，大多数的干预程度还是介于密切注视不干预和手把手带着教之间。但不管采取哪种级别的干预，家长都不是解决问题的主角，孩子才是。

小练习2："我觉得……"

"我觉得……"游戏可以帮助孩子更好地识别、理解、调节情绪，进而以建设性的方式应对情绪。

父母可以在生活中多使用"我觉得……"句式，并引导孩子使用这种语句。以下是示例：

"当你_____时，

"我觉得_____，

> "因为＿＿＿＿＿＿＿＿＿＿＿＿＿＿＿＿＿＿。
> "下次我希望你＿＿＿＿＿＿＿＿＿＿＿＿＿＿＿＿。"
> 例如:"当你从我手里抢书时,我觉得生气又担心,因为你弄疼我了,而且我担心书会被撕破。下次我希望你耐心等我翻页。"

社交技能 13:冲突解决 4 步骤

提高社交免疫力可以降低社交冲突给孩子带来的负面影响。那么,当社交冲突发生时,孩子应该怎么做呢?这里介绍一个通用的社交冲突处理 4 步骤。孩子遇到任何社交冲突,都可以遵循这 4 个步骤来解决问题。在美国,这 4 个步骤被广泛应用于学校、社区、儿童中心、家庭里。

这 4 个步骤分别是:

1. 叫停(stop)。当冲突发生时,孩子想象他面前有一个红色信号灯,喊出"停下",并停止当前行为。

2. 谈论、倾听(talk and listen)。说出自己的需求和感受,并听听对方怎么说。

3. 探索方法(explore solutions)。想一想可能有哪些方法能解决问题,探索不同方法可能带来的结果,就某一方法和对方交涉、协商、谈判。

4. 选择(pick up a solution)。选择双方都能接受的最终方案。

以上 4 个步骤按照英文首字母缩写,可以被叫作 STEP ——正好是"步骤"的英文单词。

图 10

在小学阶段，经过成人的讲解、示范、提醒后，孩子可以逐渐做到独立使用上述 4 个步骤来化解简单冲突。家长也可以按照这 4 个步骤，教孩子处理冲突。

我曾经教过两个三年级小朋友，他俩经常发生矛盾。有一次，学生 A 提着打满水的水桶，学生 B 看见了去帮忙提，由于力气过大反而把水洒出来，打湿了学生 A 的裤子和鞋子。学生 A 很生气，把手伸进水桶里，撩水去泼学生 B，把学生 B 泼湿了。学生 B 一边哭喊着"好心当成驴肝肺"，一边追着学生 A 打。可能有人会觉得这只是孩子间的玩闹，不伤人就不碍事。然而每次出现这样的冲突，都会耽误他俩很多学习时间，因为冲突带来的生气、委屈、挫败情绪占据了大脑内存，孩子并没有更多精力专注于学习。几周后，学生 A 或学生 B 还会对我说："老师，他为什么要这样对我？"可见事件本身给孩子带来的困惑会持续很长时间。而且冲突并没有得到解决，学生 A 和学生 B 的关系没有修复，他们也没有吸取教训，下次面对类似情况时，他们可能依然冲突不断。

我决定引入"STEP 4步骤"。我把步骤图贴在教室里,并让学生A和学生B做角色扮演,还原当天的提水事件。然后,我拿着步骤图问全班同学:

"如果再发生这种情况,你可以在哪里喊停?"

有小朋友说:"A伸手去撩水的时候,B应该喊停。"

我问:"B怎么喊停呢?"

小朋友说:"停下。"

我追问:"喊了'停下'之后,怎么办?"

小朋友看着STEP图,说:"之后是第二步,谈论、倾听。B应该说'对不起,我是不小心的。不要用水泼我'。"

我继续追问:"如果B这么说了,A可能会怎么做?"

小朋友说:"A可能会生气地说,'你看我裤子、鞋子都湿了,怎么办?我冻感冒了怎么办?'"

我继续指着STEP图,说:"是的,就算B道歉了,A的裤子、鞋子已经湿了,而且A很生气。怎么办呢?这时就进入了第三步,探索方法。你们觉得有哪些方法可以帮助A?"

小朋友们纷纷发言:

"A把鞋子脱下来,B去找纸巾把湿的地方擦一擦。"

"A去太阳底下站着晒一晒。"

"可以找老师借吹风机吹干。"

"B可以把自己的裤子换给A。"

"B可以给A鞠躬道歉。"

"B可以写下来道歉,让A消气。"

……

我说:"你们的想法都很好,方法也很多。最后,A和B要做出选择,选择一个双方都可以接受的方案。A,你选哪个方案?"

当事人A同学说:"其实我也没那么冷,用纸巾擦一擦湿掉的地方就行。但是我很生气，我想让B鞠躬道歉。"

我问B同学："A选的方案，你接受吗？"

B同学点点头，然后当着全班同学的面，向A同学鞠躬道歉。两个人握手言和。全班同学也借助这一冲突事件，学习了STEP 4步冲突化解法。

这件事过去没多久，有一次课间休息，学生A跟学生B开玩笑，拦着不让他去打水。学生B就把水杯里剩下的水泼在学生A的头上，学生A大喊着正要用拳头打学生B，学生B马上喊"停下"。

学生A愣了一下，显然被学生B的喊声震慑了，停下动作。学生B马上说："对不起，我以为杯子里只有一点儿水，没想到还剩这么多。你不能打我，老师说要想办法。"

学生A说："我就是想跟你开个玩笑，你凭什么泼我？"

学生B说："我哪知道你是开玩笑！马上就上课了，不打水的话，下节课我就一直渴着，我是着急了，才泼你。"

学生A不说话了，反问学生B："你看我头发都湿了，怎么办？"

学生B说："你等我，我有纸巾，我帮你擦。"

学生A又说："你要道歉。你上次就把我弄湿了，这次又是你，你太讨厌了。"

学生B自知理亏，不仅帮A同学擦干了头发，道了歉，还拿笔写了"对不起"三个字，并在字旁画了一个桃心。学生A也意识到自己的错误，收下了道歉。

学生A和学生B独立应用STEP 4步骤化解了这场冲突，避免了冲突升级为肢体冲突，避免了带着生气、委屈的情绪进入下节课的学习，也避免了失去一个冒冒失失但是仗义的朋友。

处于小学阶段的孩子，经过练习，可以独立使用STEP 4步骤化解冲突；学前孩子通常需要成人的指导和示范，特别是当孩子是冲突发起方时。

有位家长就遇到过这样的难题：

我家孩子上幼儿园，从托班到幼儿园，所有老师都评价这个孩子有点冲。在家的表现是，他经常抢妹妹手里的东西，如果大人制止，他就哭。在学校或在外面，他想玩别人的玩具，如果别人不给，他就去抢，抢不过就打人或者哭。

这个孩子的问题在于不知道别人的玩具不能抢。如果采用STEP 4 步骤，那么在孩子伸手去抢玩具的时候，大人就应该喊："停下，抢东西是不可以的。"

接着进入第二步，谈论、倾听："你想要什么？"

孩子可能会说："想要这个玩具。"

接下来，就是第三步，探索方法："这个玩具不是你的，别人同意借你，你才能拿。你可以等别人玩够了再玩，或者换个玩具。你想用哪个方法？"

此时，低龄孩子可能依然会哭闹，拒绝回答，拒绝选择，因为他们难以理解为什么此时此刻自己不能玩这个玩具。

第四步，做出选择。"你不选，我就帮你选了。那就等别人玩够了，你再玩吧！"

可以想象，孩子还会继续哭，把哭作为发泄挫败感的方式，或者以哭为手段，逼家长替自己借到玩具。在不害人、不害己的情况下，我们可以允许孩子哭，让他自己恢复平静。当孩子发现哭也不能达成目的时，那么，那种把哭作为武器的习惯自然会消退。

STEP 4 步骤不仅是孩子化解冲突的指示图，也是家长指导孩子解决问题时的步骤图。家长在每一步可以这么引导孩子。

（1）叫停（stop）。当冲突发生时，喊"停下"。接纳孩子此刻的感受和想法,帮助孩子平静下来。

(2)谈论、倾听(talk and listen)。鼓励孩子说出自己的需求和感受,提醒孩子听听对方怎么说,帮助孩子从对方角度考虑问题。家长在这一步收集事件信息,重述问题。

(3)探索方法(explore solutions)。询问孩子解决办法,跟孩子展开头脑风暴,列出可行的办法,探索不同办法可能会带来的结果。如果孩子比较小,家长可以帮孩子列出不同的选择。

(4)选择(pick up a solution)。家长鼓励孩子从不同方法中做出选择,如果孩子沉迷情绪,那么替孩子做出选择,给孩子留出时间恢复平静。

使用这4个步骤时,需要基于亲子互动及师生互动的三个黄金策略:积极倾听,接纳感受及想法,鼓励决策。具体操作时,可以使用以下策略:

1. 先听再说

面对孩子的冲突事件,不管是在现场还是事后,很多家长都忍不住想马上教育孩子。

"怎么能抢人东西呢?"不行,要教育。

"被人推了也不会还手,这怎么行呢?"不行,要教育。

"别人都骂你了,你还厚着脸皮跟别人玩!"不行,要教育。

"别人都邀请你这么多次了,你怎么能全部拒绝呢,这样哪能交到朋友?"不行,要教育。

这种教育孩子的强烈意愿,其背后的潜台词是"这怎么能行,现在就这样,以后怎么办,我要教教你"。然后,家长就开始了说教、要求、命令,而孩子大多时候是不会配合的。于是,孩子的社交冲突升级为亲子冲突。

面对孩子的社交冲突,家长最先要做的不是教育,而是给孩子说话的机会,先听孩子说,先了解整个事件的来龙去脉,弄清楚事件的五要素(时间、地点、人物、经过、结果),理清孩子的感受和想法。孩子并没有我们想象的那么无能,他们只是容易被情绪支配。当你帮他们冷静下来,并理清整个事件后,他们自己会反思、想办法。只有经历过思考,他们才能理解办法背后的逻辑;只有认可了这个办法,他们才会真正去执行。

当孩子向你寻求帮助时,不要置之不理。你可以选择拒绝不合理的求助,但是依然要用温柔的眼神注视他们,给此刻难过的他们足够的关注。

很多时候,孩子之所以不听话,不是因为不想听,而是因为我们没有好好听孩子说话。没有被好好倾听的孩子,很难倾听别人。

2. 谈论需求

孩子发生冲突时,喜欢找家长告状,并喋喋不休列举对方的罪状。有一个很好的问题,可以把孩子从控诉模式拉回思考模式,那就是追问"你想要什么",或者"你需要我做什么"。

"是的,我知道他弄坏你的钢笔你很生气。现在钢笔已经坏了,你想要什么呢?"

"你想要他说道歉,想要告诉他下次小心点,还是想要我给你买一支新的钢笔?"

"是的,我知道你说了很多哲哲做错的地方。你想让我做什么呢?"

如果孩子的需求合理,那么可以满足;否则,温柔坚定地驳回。那个跟朋友难舍难分,吃完晚饭还想去朋友家继续玩的小朋友,他的需求就是 7×24 小时跟朋友在一起快乐玩耍。这个需求不可能被满足。那么,可以坚定地告诉孩子,"不可以去朋友家,朋友要回家休息了"。

有时孩子不能清楚回答自己的需求，此时，家长可以猜测并反问孩子："你平时都愿意分享，不想把玩具分享给他，是不是因为不喜欢他？""是不是因为上次他说你坏话了，你不喜欢？""嗯，你希望他不要说坏话。你也可以试试直接告诉他——不要说我坏话。"

3. 定义问题并引导思考

在让孩子表达诉求后，我们需要清楚地定义问题。这个定义通常是一个中立的陈述，清楚地重申孩子面对的冲突。如"明白了，现在的问题是你们两个都想要先坐秋千，但是只能有一个人先坐。怎么办呢？"

定义问题之后可以通过提问来引导孩子思考，最好的引导问题是"怎么办"。孩子可能偷懒，说"不知道"。这时可以试试重申问题，再次追问："你可以做些什么来解决这个问题？""你已经试了暴力解决，但是没有效果，你觉得还有其他办法吗？"

对于低龄孩子，我们可以把开放性问题简化为选择题，问孩子："你觉得哪种方法好？"让孩子做出选择，也可以在提问后由家长代为做出选择。

对于小学高学段的孩子，则可以问这些问题："你的问题是什么？""你已经尝试过哪些方法？""你的方法有用吗？""还有其他方法吗？"鼓励孩子充分思考。

很多家长会觉得，为什么耗时引导思考，指挥孩子怎么做不就完事了？孩子被动遵从，只会机械执行；孩子主动思考，才能举一反三，灵活应用。

以下两个小练习，可以帮助孩子更好地使用 STEP 4 步骤冲突解决法。

小练习 1： **平静路径**

可以引导孩子在家里画一个 4 步平静路径图，帮助孩子解决自己的冲突。平静路径图可以用胶条或者纸胶带贴在家里的地板上，如下图所示。

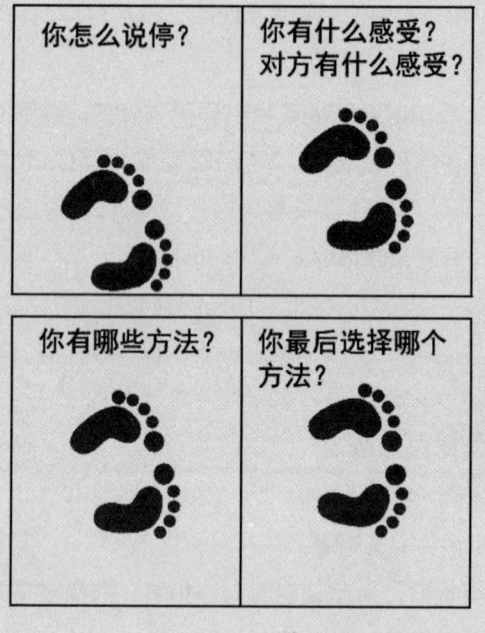

你怎么说停？	你有什么感受？对方有什么感受？
你有哪些方法？	你最后选择哪个方法？

图 11　平静路径

当孩子需要解决冲突时，可以随着脚印标记，一步步回答问题并前行。沿着脚印组成的平静路径，找到答案。

小练习 2： 决策矩阵

STEP 4 步骤里，最难的一步是在众多方法中做出选择。孩子会困惑："这些方法好像都对，我到底选哪个呢？"评估方案、审视后果、做出选择的能力，让孩子在面对选择时理性决策。

决策矩阵可以帮助孩子提高决策能力。决策矩阵是不同选择的评分系统，正数表示优点，负数表示缺点，孩子对每项选择填入相应分数，权衡不同选择对不同人的影响。填写分数的过程，给孩子搭建了思考框架，拆解思维过程。

例如：你的好朋友骂一个无辜小朋友是"蠢猪"，并且让你帮忙阻拦小朋友进入沙池。实际上，那个小朋友没有冒犯大家，只是想加入沙池。沙池空间也够大。这时，你有两个选择：（1）站在好朋友一边参与排挤行为；（2）忽视好朋友的要求，允许小朋友进入沙池。用决策矩阵来分析过程，好结果 +1；不好结果 −1；没有影响记为 0。

具体思维过程是这样的。

对于参与排挤，好结果包括：对自己，没什么好处，记 0 分；对他人，好朋友会觉得被维护，+1 分；好结果总分 +1。坏结果包括：对自己，参与错误行为觉得愧疚，则 −1 分；对他人不好结果有：无辜小朋友被排挤很难过，−1 分，好朋友的错误被纵容，−1 分，给旁边的小朋友树立了坏榜样，−1 分；不好结果总分 −4 分。用思维导图呈现如下：

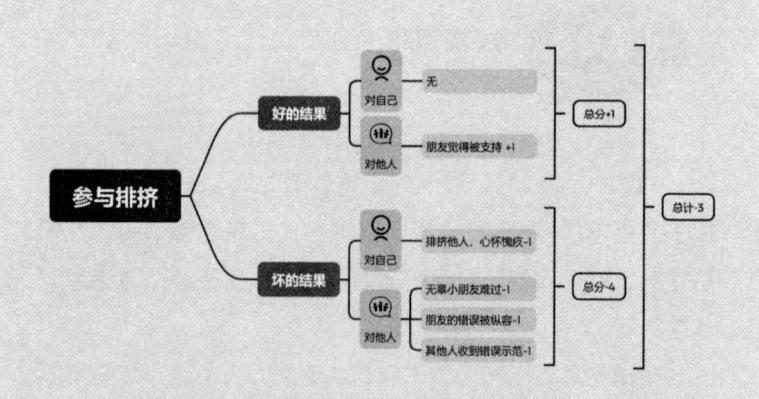

```
参与排挤
├─ 好的结果
│   ├─ 对自己: 无
│   └─ 对他人: 朋友觉得被支持 +1
│   总分 +1
└─ 坏的结果
    ├─ 对自己: 排挤他人,心怀愧疚 -1
    └─ 对他人: 无辜小朋友难过 -1
              朋友的错误被纵容 -1
              其他人收到错误示范 -1
    总分 -4
总计 -3
```

对于允许小朋友进入,好结果包括:对自己,助人为乐感到自豪,+1 分;对他人,小朋友参与沙池活动很高兴,+1 分;好结果总分为 +2 分。坏结果包括:对自己无影响,0 分;对他人,好朋友没受到支持不开心,-1 分;坏结果总分 -1 分。用思维导图呈现如下:

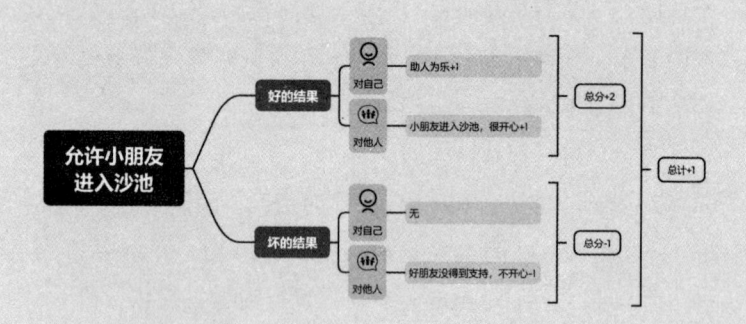

```
允许小朋友进入沙池
├─ 好的结果
│   ├─ 对自己: 助人为乐 +1
│   └─ 对他人: 小朋友进入沙池,很开心 +1
│   总分 +2
└─ 坏的结果
    ├─ 对自己: 无
    └─ 对他人: 好朋友没得到支持,不开心 -1
    总分 -1
总计 +1
```

把分数记入决策矩阵会得出这样的结果(如后表):参与排挤分数总计 -3 分,表明会产生 3 个不好结果;允许小朋友进入总计 +1 分,表明会产生 1 个好结果。因此,孩子最终的选择是,允许小朋友进入沙池。

决策矩阵

可能选择	好结果		坏结果		总分
1. 参与排挤	对自己	0	对自己	-1	-3
	对他人	+1	对他人	-3	
2. 允许小朋友进入	对自己	+1	对自己	0	+1
	对他人	+1	对他人	-1	

在所有选项里,得分最高的通常是最负责任的决策。使用决策矩阵不是说我们身边随时带一张决策矩阵表格来打分,而是说孩子通过决策矩阵练习养成冷静分析、换位思考的思维习惯。这样的思维习惯将助力孩子临危不乱、做事负责、快速决策。

社交技能 14:冲突解决 8 方法

前文提到,提高孩子社交能力,家长的任务之一是,教会孩子用建设性方式(双赢、妥协)来解决冲突,走出破坏性解决冲突(讨好、回避、强迫)的本能倾向,帮助孩子做到既能实现自己的目标,也能维护人际关系。

建设性解决冲突有 8 种基本方法。这些方法可以帮助孩子建设性化解生活里 90% 的社交冲突,应对千变万化的社交场景。家长教会孩子这 8 种方法,就可以帮孩子以不变应万变,得心应手地化解复杂的社交冲突。这 8 种基本方法是:

方法 1：喊出"请停下"。

当孩子感觉被冒犯时，比如玩具被抢了、被人打了，立即喊出"请停下"。这三个字是叫停的最佳方法。这三个字能威慑对方，制止对方的冒犯行为，也能避免孩子过激应对，冲突升级。

方法 2：转身离开。

面对持续冒犯的情况，如果孩子喊了"请停下"，对方依然不停止，那孩子可以转身离开。如果合理的要求被拒绝，且对方不退让，也可以选择转身离开。转身离开不是回避，而是意识到对方难以改变之后的妥协；不是窝囊或软弱，是及时止损，避免纠缠；不是委屈自己，是潇洒转身，投入下一个活动快乐玩耍。

方法 3：说出感受。

说出自己的感受，可以让对方意识到他的行为给自己带来的影响，唤起对方共情。孩子 3 岁或 4 岁时，可以使用简单的"我觉得……"的句式，陈述自己的感受。5 岁以后，可以考虑用更复杂的句式"你……的时候，我觉得……""因为……，我希望你……"。例如：

"你拿走我的积木，我很生气，我希望你还给我。"

"你把颜料滴到我的画上了，我很难过。这是我画了很久打算送给妈妈的生日礼物。我希望你用纸巾把颜料吸掉。"

也可以说出对方感受，帮助孩子换位思考，理解对方的处境。

方法 4：道歉。

道歉是双向的。孩子被冒犯（被推、被踩脚、被冤枉）时，很容易钻牛角尖，觉得对方错了，自己受了委屈，要报复，从而做出过激反应。如果冒犯已经发生，时光无法倒流，为避免孩子钻牛角尖，正确的做法是，要求对方道歉，既让欺负者承担后果，又让孩子得到弥补和尊重。要求对方道歉无关大度和原谅，而是"退一步海阔天空"。

如果孩子冒犯了别人，那么孩子要学会道歉，说"对不起"，诚恳致歉，承担责任。

方法 5：换个活动。

换个活动也是双向的。孩子发出邀请被拒绝时，他可能觉得"好心当成驴肝肺，我好心邀请你加入我们，你居然不领情"。这时，家长要引导孩子试着换位思考：主动邀请却被拒绝，可能是因为对方不喜欢自己的活动。我们可以考虑大家的共同兴趣，换个大家都爱玩的活动；也可以这次先不一起，下次再一起玩。保持灵活性，避免猜忌责怪，兼顾每个人的想法，全盘考虑。

如果对方坚持想要加入自己，而自己并不想分享玩具或活动，那么可以建议对方换个活动。

方法 6：做交易。

被拒绝时，孩子可能甩下一句："哼，不行就不行，我还不稀罕呢！"嘴上说着不稀罕，心里闷闷不乐好几天，一副"你们都是坏人"的态度。可以引导他试试"做交易"的思路，把自己的提议当成商品去售卖，换取对方的资源。比如引导孩子想一想：自己是不是有玩具可以跟对方交换；是不是能在已有游戏上加入新元素；能否想一个大家都能参与的新游戏。如果自己的提议对对方有价值，对方自然会愿意让出资源来交换。

方法 7：忽略冲突。

孩子发生社交冲突，很多时候是因为过度解读了某个冒犯行为后过激回应。比如：排队时被其他小朋友碰到后打回去，操场上被其他小朋友踩了脚后大骂对方。面对这种情况，如果孩子揪住冒犯不放，可能陷入无用的争吵，浪费时间。如果对方的冒犯行为是无心之举且较轻微，那么可以忽略冒犯，大方谅解，专心活动。

大方不意味着委屈自己。如果对方故意冒犯，或行为过分，让自己觉得不舒服，那孩子需要第一时间捍卫自己，用其他方法解决冲突。

方法 8：分享轮流。

如果两人或多人同时想玩某一样东西，可以大家轮流。公平公正，没有争执，没有霸占。一起轮流玩，说不定还更好玩。

儿童常见的社交冲突都可以用以上 8 个方法建设性解决。以上方法只适用于普通冲突（严重度 1~3 分的冲突），对于严重冲突（严重度 4 或 5 分冲突），孩子需要第一时间向成人求助。我们可以用以上方法来解决"测量问题的尺码"活动里提到的常见社交问题。以下参考方法可以一起使用，也可以单独使用。

场景一：

孩子 4 岁，跟熟悉的人在一起很活泼，说话声音很大，但是遇到陌生人，他就会害怕，说话声音也变小。被同学抢走东西，他会主动让出，并保持沉默。

解决方法：被抢时，孩子做出的选择是沉默，相当于忽略冲突。孩子在这个场景下忽略冲突，虽然维护了关系，但是委屈了自己。这属于关注关系，不关注自己目标的回避类别。家长可以教孩子再遇到被抢时，使用其他建设性方法：

喊停——大声喊"停下，这是我的"。制止对方争抢的错误行为。

要求对方道歉——"抢东西不对，你要道歉。"让对方为错误行为承担责任。

换个活动——"这个我要玩，你去玩积木。"给对方指派一个替代活动。

场景二：

客人 5 岁的孩子，从自家 2 岁的孩子手里抢走玩具。

解决方法：在这个场景里，两个孩子都需要协助。家长的顾虑通常在客人的孩子，"客人不干预，我作为主人适合出面教育吗？会不会显得我护犊子？"在各种冲突中，我们提倡是非分明，帮理不帮亲。和稀泥本质上是掩饰冲突的回避态度，不能为弱势孩子做出正确示范。如果下次遇到类似情况，我的建议是：

针对5岁孩子，引导他：

说出感受——"你拿走了妹妹的东西，妹妹是什么感受呢？"

要求道歉——"不能抢别人的东西，现在请你把玩具还给妹妹，并道歉。"

换个活动——"你可以玩这个，它比妹妹手上的更好玩，更适合你。"

针对2岁孩子，引导她：

喊"停下"——"停下。"2岁孩子语言能力有限，可能还无法说出"停下"，家长可以代替孩子说"停下，这是我的玩具"，做出示范。

场景三：

客人5岁的孩子玩的积木倒了，自家2岁的孩子去帮忙捡，结果反而被对方说"走开"，并被推了一下。

解决方法：在这个场景里，5岁孩子说的"走开"是"停下"的变通说法，值得肯定；但推人行为需要被制止。在这样的场景里，针对5岁孩子，需要跟他明确：

要求道歉——"推人是不可以的，请你给妹妹道歉。"

场景四：

孩子7岁，在小区里想玩滑梯，其他小朋友对他说："走开，这是我们的地盘，你不能玩。"

解决方法：小区里的滑梯，属于公共设施，公共设施不能独占，对方的做法存在问题。对于7岁孩子，怎样帮他实现自己玩滑梯的目的呢？可以考虑引导他：

说出感受——"我很想玩,滑梯是公共的,谁都可以玩。"唤起对方的共情。

做交易——"我帮你们计时,看谁滑得最快,然后你们给我计时,好不好?"给现有的滑梯游戏提出一个新的玩法,拿自己的新玩法跟对方交换加入的机会。

分享轮流——"我们轮流吧,我排在你们队伍的最后面滑。"

场景五:

孩子10岁,玩警察抓小偷游戏,每次他都被要求演小偷,他不想演,别人就说:"不演小偷,你就别玩了!"

解决方法:10岁孩子的诉求是在游戏里演一回警察,但是其诉求被驳回,并且被威胁离开游戏。这时,可以考虑引导孩子:

说出感受——"你这样说我很生气,谁都可以演警察和小偷,我已经演了很久小偷,想换成警察。"

换个活动——"我们一起来玩'老狼老狼几点了',更好玩。谁想当老狼?"

场景六:

孩子总喜欢打断别人讲话,有时我和姥姥在讲话,她就凑过来,"姥姥,我和你说……"或者"妈妈,我和你说……"

解决方法:如果孩子在家人面前有这样的习惯,那么在与他人交往时,孩子也很可能会代入打断别人的习惯,造成社交冲突。这时,可以考虑:

喊"停下"——"请停下说话,闭上嘴巴。"这个指令,比"不要打断我"更清晰。小朋友可能不理解什么叫打断。

说出感受——"我和姥姥说话的时候,你说话会吵到我们。请你等一下,等我眼睛看着你的时候,你再说话。"

场景七：

小桃 11 岁，有一天听到同桌对其他小朋友说："就是小桃把××的笔记本藏起来了。"其实小桃根本没这么做。

解决方法：同桌在造谣和污蔑，即使不确定同桌背后的动机是什么，小桃都应该及时制止这种行为。小桃可以：

喊"停下"——"请你不要这么说。我没有藏别人的笔记本。"

说出感受并要求道歉——"你这样乱说，我非常生气，请你道歉。"

场景八：

孩子被同桌造谣，怀恨在心，对所有朋友说："同桌×××是骗子，你要是跟他玩，我就不理你了。"

解决方法：造谣已经发生，不管孩子做什么，都无法改变已发生的事实。如果孩子生气，应该要求同桌澄清，并正式道歉；如果对方依然不听，孩子可以选择转身离开，避免纠缠。但请切记：被伤害过并不能成为威胁别人的理由。

场景九：

孩子 12 岁，他在操场上跑，不小心把误入跑道的低年级小朋友撞倒了。小朋友磕到了下嘴唇，流了很多血，大哭不止。

解决方法：当冲突伴随流血事件时，应第一时间告知大人，由大人协助解决。

场景十：

孩子和同学争气球充气筒，充气筒的尖嘴不小心戳到了一个同学的头上，被戳伤的同学大哭，头皮也被擦伤了。

解决方法：当冲突发生时，如果双方都不具备基本的冲突处理能力，那冲突就很可能演变成受伤事件。面对这种情况，一定要做好事后复盘。复盘时,引导两个孩子在争抢发生时采用"喊停,轮流,分享,做交易"等方法化解冲突。如果基本方法仍不能化解冲突,可以立刻向大人求助。

以下两个亲子练习,可以帮助孩子更好地使用 8 个冲突解决方法。

小练习 1: **冲突解决轮盘**

可以把冲突解决轮盘挂在墙上。在孩子复盘冲突事件时,让孩子看着冲突轮盘想一想:可以用哪种方法?每种方法的利弊是什么?下次遇到类似情况,应怎么做?

我能做什么?

你遇到问题了吗?
试试以下的 2~3 个方法

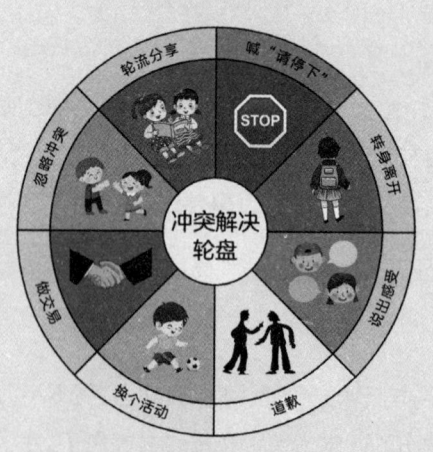

- 轮流分享
- 喊"请停下"
- 转身离开
- 忽略路过
- 冲突解决轮盘
- 友好沟通
- 做交易
- 换个活动
- 道歉

你遇到了严重问题?
去向大人求助

图 12

> **小练习 2：** **冲突解决瓶**
>
> 除了冲突解决轮盘上的方法，还有很多其他方法可以采用，8 种基本方法也有许多变体。比如冲突解决瓶，就可以拓宽孩子解决问题的思路。
>
> 准备一个透明玻璃罐，玻璃罐里放一些可以书写的纸条，作为冲突解决瓶。家长可以和孩子一起进行头脑风暴，在想解决办法时，孩子可能会提出许多潜在的方案。这样，家长可以把孩子的想法写在纸条上，放入玻璃瓶保存起来。当孩子再遇到冲突时，引导他翻看冲突解决瓶里自己想到的方法，并尝试使用其中一种方法去解决问题。

社交技能 15：在冲突里学习

关于社交冲突的咨询里，以下两条我觉得非常有代表性。

女儿 1 岁 9 个月，很多时候为了避免她受伤害或伤害别人，我会在冲突处于萌芽状态时就去阻止。比如，公共场合的玩具，女儿正在玩，有其他小朋友过来抢，我会立马阻止其他小朋友，说："不可以！妹妹正在玩，如果你想要，可以等妹妹不玩了再玩。"再如，在海洋球小池子里，当女儿朝别的小朋友扔小球时，我会拉着女儿的手，说："不可以！如果你想跟妹妹玩，你可以把球递给她，或者朝空中扔，但不可以朝妹妹身上扔，球砸到妹妹，妹妹会疼。"女儿还不会解决冲突,所以我会尽量帮她避免,并且示范做法。我也知道要让孩子自己面对冲突,并学会解决,我要放手。孩子什么年龄段,或什么情况下我可以放手呢?

我女儿5岁,上中班,她性格外向、开朗,就是对朋友的态度有点儿极端。她一般有两种表现:一种是朋友说不跟她玩了,她就很着急,会去刻意讨好对方;第二种是跟朋友闹翻以后,她就会说一些伤人的话,比如"再也不想跟你玩了,我讨厌你,你这个坏蛋"。跟妈妈吵架时也这样,她会说"妈妈出去,不要妈妈了"。我担心她会伤害别的小朋友,这样可能小朋友也会远离她。

这两个咨询代表了一种典型的育儿心态:过度保护。把一切冲突、错误、伤害、失败视为问题,并尽量规避这些问题,一旦孩子展露问题的苗头,家长就立刻拉响警报,焦虑附体,不仅担心孩子的此时此刻,更担心孩子的未来:讨好型人格怎么办?暴力倾向怎么办?软弱无能怎么办?强悍好斗怎么办?一旦问题真的发生,家长就轻易给孩子贴上标签,认为孩子"讨好型人格""完美主义""暴力""抗挫能力差""学渣""社恐",并开始拿着放大镜去侦察孩子跟标签沾边的任何言行,随时出手制止"负面行为",每天重复若干遍"不要这样,不要那样"。

在过度保护的心态下,几乎所有孩子都不可避免加速走向家长不愿看到的方向。没有任何一个小孩,能够完全准备好面对问题;也没有一个小孩,能够在充满"不能……"的环境里学会"能"。

《被讨厌的勇气》里这样写道:"任何经历本身并不是成功或者失败的原因,真正在起作用的,是我们赋予这些经历什么样的意义。"

孩子身上发生的冲突、错误、伤害、失败,并不代表孩子本身"好"或"不好",这些经历都是孩子学习的途径和成长的烙印,我们要帮孩子看到这一点。如果我们不能给孩子创造一条永远平坦的人生大道，就不要试图阻止孩子掉进坑里，而是在孩子掉进坑里之后向他伸出双手，并帮助他复盘，思考怎么做才不会掉进同样的坑里。

可以说，人就是在错误里成长的。不管是否有成人的指导，孩子都有能力从错误里学习，遇到社交冲突时尤其如此。我们能做的，是让从错误中学习的过程更具象化、更高效。我把这个过程叫作复盘。

复盘，本是棋类术语，用在围棋、象棋、国际象棋等棋类活动中，也叫"复局"，指的是对局完毕后，把下棋的过程重新演绎一遍，来检查对局中招法的优劣与得失。这种复盘过程可以用在任何领域，帮助人们从过往经验中学习，快速成长。一旦养成了复盘的习惯，人就有了自我成长的能力。可以说，孩子在社交方面的成长主要来源于复盘。通过重演冲突过程，一步步重现当时的感受，分析哪里做错了、哪里做得对，下次遇到类似情况时可以有哪些不同的选择，不同的选择对不同的参与方意味着什么。这样做，能帮助孩子深入理解复杂的社交情境，发展共情、自控、双赢思维，在处理冲突中成长。

对于本节开篇中的第一个咨询，我希望家长可以在孩子不害人、不害己的情况下，积极放手，允许孩子去体验、去试错。家长只需做一个观察者和协助者，在孩子求助时再出手。面对"其他人拿走孩子的玩具"这一情境，或许你会发现孩子有这几种反应：孩子没有明显反应，这表明孩子可能正在学习"这是我的"的归属概念，或者正在解读"抢"这个动作；孩子会试图争夺而后很快放弃，这表明孩子不想失去玩具但也没那么在乎这个玩具；孩子试图争抢，但抢不过于是开始哭，此时家长可以协助孩子换个玩具或者示范喊"停"，并帮孩子拿回玩具。不管孩子的反应是什么，家长有了观察才能理解孩子，理解了孩子才能协助孩子在目前的水平上前进一步。

对于前文第二位家长的困惑，我希望家长不要轻易给孩子贴上"刻意讨好"的标签，理性看待孩子的所有行为。在这个描述里，我看到的是这样一个5岁女孩：面对冲突，她没有哭闹、没有扔东西、没有喊叫、没有抱怨，跟好朋友争吵后也会去尽力弥补，挽回友谊，自己的界限被人突破后会用语言大声捍卫自己。她依靠5年人生的全部所学，尽力用她的方式化解着她不想看到的冲突。我看不出"讨好"，看出的是符合她甚至是优于该年龄的情绪管理能力和语言水平。她的语言措辞可能让对方不舒服，让对方远离自己，而这也恰恰是她将会面对的问题，可以帮她学会"语言会伤人，我下次不能再这么说了"。如果没有这一经历，她很难通过想象学习这一课。

社交这门课，不是"讲学测评练"的书本式知识传授，也不是"我示范—你跟练"的游泳式技能训练，而是"冲突—复盘—成长—再冲突—再复盘—再成长"的无限循环。

带着孩子一起做复盘的意义再怎么强调都不为过。每一次的冲突，在认真复盘之后都会成为孩子成长中无可替代的养料。

怎么做复盘呢？问问题是最好的方式。比如：

1. 你当时是什么感受？对方是什么感受？
2. 你为什么这么做呢？
3. 你想要什么？
4. 下次遇到类似情况可以有哪些不同的选择？
5. 这个选择会让你怎么想？这个选择会让对方怎么想？

在问的过程中，我们要不断启发孩子换位思考，明确目的，探索方法。我们可以在启发的过程中提供判断、点评、方法。

在我所教的幼儿园中班，曾经有一个4岁的小朋友阿里，他喜欢在操场上追着小杰跑。小杰个子不高，跑不过阿里，很不喜欢被追着跑。有一天，阿里又开始追小杰，小杰手里正好有一个足球，他就朝着阿里扔过去。球正好砸到阿里的下巴，阿里下巴被磕破了，流了血。

我目睹了全过程，等校医处理好阿里的伤口之后，我带着两个小朋友做了复盘。

我先问小杰："你为什么把足球往阿里身上扔？"

小杰说："他老追我，我不喜欢被他追。"

我："看到阿里受伤，你有什么感受？"

小杰低下头，边用手紧张地搓衣角，边小声说："我很难过。"

看来小杰并不想看到同学受伤，我继续问："如果不希望阿里追你，你应该怎么做？"

小杰想了想，说："我应该喊'停下'。可是我以前喊'停下'，阿里也不听。"

这时阿里急着想插嘴，我制止了阿里："阿里，现在我只能听一个人说话。等小杰说完，你再说。"

小杰说得对，阿里很多时候听到"停下"也不会停。我继续追问："是的，你应该喊'停下'。如果你喊了，阿里还是不听呢？"

小杰想了想，摇摇头。

我用手指指墙上的冲突解决轮盘，小杰看了很久，说："那我就忽略他吧。"

我点点头："是啊，阿里追上你也不是糟糕的事情呀。你看阿里的嘴巴被足球砸破了，大家都很难过。你该怎么办？"

小杰看着阿里说："对不起。"

阿里还是不理小杰，看来阿里没有消气。我继续问小杰："阿里嘴巴还疼着，他可能还是很生气。你能做什么让阿里感觉舒服点儿？"

小杰想了想，走过去抱住了阿里，说："对不起。"

阿里这次被融化了，回抱了小杰，并说："没关系。"

通过复盘对话，小杰已经在脑海里预演了同样的冲突场景和自己的对策。这表明小杰知道下次应该怎么办了，当然这并不意味着下次小杰一定能做到，但下次小杰会在脑海里重复类似的复盘过程，自我纠错。

接下来，我转向阿里，问阿里：

"你为什么追着小杰跑呢？"

阿里说："我觉得这样好玩，我想和小杰玩。"

我继续问："你觉得小杰喜欢被人追着跑吗？"

阿里特别坚定地说："小杰不喜欢。"

看来阿里知道小杰不喜欢被人追着跑，但他依然会这么做，我希望阿里能清楚认识到自己的不妥行为带来的后果。

"小杰不喜欢你追他，你还是追了，然后发生了什么？"

阿里说："他用足球砸我了，嘴巴很疼。"

我说："是的，你的行为让其他小朋友不喜欢，所以其他小朋友用了错误的方式拒绝你，让你受伤了。"

阿里不说话了，我知道他的问题没有解决。他的目的是和小杰玩。**如果不知道怎么用正确的方式达成目的，那么孩子就一定会用错误的方式不断尝试。**

我继续追问："如果你想和小杰玩，你应该怎么做呢？"

阿里同样是看着轮盘，想了想，说："换个活动。"

我马上点头，说："对呀，小杰不喜欢被人追着跑，但他肯定喜欢别的活动，换个活动邀请小杰一起玩，小杰或许会答应。马上就是自由活动时间了，你想邀请小杰玩什么活动呢？"

阿里想了想，说："积木。"

阿里可能依然会被小杰拒绝，但是至少阿里学会了强迫对方行不通，反而会导致自己受伤。

还有一次，班里组织玩具分享活动，所有小朋友都带来了自己喜欢的玩具，唯独阿里没带。我让阿里从班里选一个公共玩具介绍展示。展示完之后，大家就可以自由玩玩具。很快，小朋友们开始自发分享玩具。阿里拿到了莎莎的玩具独角兽，高兴地把独角兽抛起来再接住，好几次独角兽都掉在了地上。莎莎不高兴了，说："你弄疼我的独角兽了。"于是拿回了独角兽。阿里又去玩卡卡的汽车，使劲把汽车推出去，汽车撞到墙之后翻滚了好几圈。卡卡也马上拿回自己的汽车。阿里继续拿着公共玩具，礼貌地走向其他小朋友，问："能给我玩下你的吗？（伸出手）这个给你玩。"但是所有小朋友都拒绝了他。

阿里生气地把手里的玩具扔到地上，气呼呼地坐在地上，鼻孔大声地发出哼哼的声音。

在这种场景下，很多家长可能会帮阿里向其他小朋友借玩具，可能会教育其他小朋友要分享，可能会塞给阿里一个玩具转移他的注意力。这样做能一时安抚阿里的情绪，但没有理清问题的根源。现在的问题不是阿里没有玩具，而是阿里不知道如何正确对待他人的玩具，从而导致自己被拒绝，而阿里自己并没有意识到这一点。

我请阿里坐到我身边，问他：
"你知道为什么其他小朋友不愿意和你交换玩具吗？"
阿里说："因为我没有自己的玩具。"
正如我所想，阿里错误理解了自己被拒绝的原因。
我把莎莎叫过来，问："莎莎，你为什么不让阿里玩你的独角兽?"

莎莎说:"他弄疼我的独角兽了。"

我继续问:"那你希望阿里怎么玩独角兽呢?"

莎莎说:"阿里可以轻轻地摸,不能扔独角兽。"

我问阿里:"阿里,你能做到轻轻地摸吗?"

阿里点点头,说:"可以。"

我继续说:"好的,现在假设我的手是独角兽,你怎么轻轻地摸呢?"

阿里把我的手当独角兽示范了他理解的轻轻地摸。力度确实很轻,这表明阿里可以控制自己手部的力度,只是他一开始并不知道莎莎的要求。

我马上说:"嗯,确实摸得很轻,这么轻,独角兽肯定不疼。"

莎莎就主动把独角兽给阿里,说:"那你可以玩我的独角兽了。"

阿里开心地拿着独角兽,像摸小宝宝一样轻轻地摸了一会儿。然后,他又跑去找卡卡,不知道跟卡卡说了什么,卡卡也把汽车分享给了阿里。

我问阿里:"阿里,为什么卡卡愿意把汽车给你玩?"

阿里一脸开心地说:"因为我可以轻轻地推车。"

我说:"你轻轻地推,小汽车就不疼了。"

通过两次复盘对话,阿里学会了如何正确地和其他小朋友一起玩,如何正确对待玩具以获得共享玩具的机会;知道了如何用正确的方式实现目的,他再也没有开展错误的社交方式,社交冲突大大减少。没有了社交中的频繁磕绊和挫败,阿里的信心和学习效率大大提升。

试想一下,如果家长能及时带着孩子复盘,孩子怎么会不断重复同样的错误?如果家长能帮孩子用正确的方式实现诉求,那么孩子怎么会抵触家长的建议?如果家长的话对孩子有价值,孩子怎么会不听？

带着孩子复盘，其过程很像我们自己反思错误时的思考过程，我们要做的就是通过提问让这个反思过程具象化。重要的不是提问的顺序、提问的措辞，而是倾听、帮助的心态，不仅听孩子怎么说，也倾听孩子内心的声音，了解在那一刻，孩子是怎么想的、有什么感受、做了什么、其行为背后的诉求是什么，然后去想想这个诉求可以支持吗？如果可以支持，我应该怎么帮助孩子去实现诉求；如果不应该支持，我应该怎么帮助孩子去理解边界。

下面两个练习可以帮助家长更好地带着孩子复盘。

小练习1：机会墙

可以在家里布置一面墙。当孩子遇到问题时，可以把自己的问题写到纸上，贴在机会墙上。家长可以设置一个"机会墙时间"，跟孩子聊一聊墙上贴出的问题，给孩子一些分析和建议。

这面墙用来告诉孩子：问题可以被转化为机会，在解决问题的过程中他不是孤身一人，随时可以寻求家人的帮助。

机会墙不仅适用于冲突管理，也适用于其他各类问题。"机会墙时间"的频率视问题多少而定。刚开始可能需要约定每周一次的固定时间作为"机会墙时间"，帮助孩子形成记录问题的习惯。当孩子参加过几次高质量的"机会墙时间"，就会意识到讨论问题能减轻压力并解决问题，会习惯于面对问题时主动求助他人。

小练习2：如果你是家长

复盘的时候很容易陷入的一个困境是家长觉得"这个问题很简单啊，孩子为什么想不出办法呢？"当出现这个念头时，那是一个危险的信号。孩子不是想不出办法，而是需要更多的时间和更具启发性的引导。

有一个问题能很好地做到这两点：

"如果你是我（爸爸或妈妈），你会怎么处理这个问题？"然后留出足够的时间给孩子思考。这个问题促使孩子换个身份和视角去思考问题。家长的身份能让孩子和自己的行为选择暂时分离，让孩子代入责任意识，促进孩子想出持续性的解决方案。

鼓励孩子通过他人的思维方式进行对话被称为脚本化共情，可能一开始会导致尴尬的沉默。家长一定要有耐心，至少等待孩子10秒钟来消化问题，然后运用共情能力，构建回应。

第 7 章

预防欺凌

电影《少年的你》讲述了这样一个故事：高三女生陈念的朋友胡晓蝶因为同学魏莱的霸凌跳楼自杀了。陈念脱下校服盖住胡晓蝶尸体的举动，让陈念成为下一个被霸凌的对象。魏莱会在放学后暴打陈念，把陈念从学校的楼梯上推下。好在陈念因一场意外救了小混混小北，从此小北每天接送陈念上学、放学，防止陈念被魏莱欺负。有一天，小北未能如约接陈念放学。魏莱等人把陈念带进巷子里拳打脚踢，剃掉陈念的头发，脱光陈念的衣服并拍下欺凌视频。

魏莱为了不让陈念报警，在楼梯处低声下气求陈念原谅自己，见陈念不为所动，魏莱原形毕露。陈念一气之下推了魏莱一把，导致魏莱摔下楼梯并死亡。小北为了不影响陈念高考，替陈念处理了魏莱的尸体并谎称自己杀了魏莱。最后在警方的努力下，陈念自首。小北和陈念分别受到了法律的制裁。

在一场校园霸凌里，两个花季少女失去了生命，陈念在监狱里度过了本应该在大学度过的时光。

很多家长在观影之后提出：电影里有小北保护陈念，现实生活里，谁来保护自己的孩子不受霸凌？

我想针对霸凌的关键词不应该是保护，而应该是预防。

社交技能 16：我能化解欺凌

霸凌不会无缘无故发生，每一个霸凌、被霸凌的孩子，在霸凌发生前，已经有迹可循。

电影里，霸凌者魏莱物质条件优越，教养环境恶劣。母亲纵容她，在魏莱涉嫌霸凌致人死亡时轻飘飘地说："我们的孩子，未来是人中龙凤，犯点小错不算什么。"父亲漠视她，可以一年不跟魏莱说一句话。陈念的爸爸缺失，妈妈忙于生计，每天疲于奔命。管束的缺位让魏莱自私歹毒，保护的缺位让陈念屡被霸凌。

如果家长能够从小给孩子关爱、支持和管束，那么霸凌就没有滋生的土壤，被霸凌也可以被制止。为了预防霸凌，家长需全面深入认识霸凌，需要掌握帮孩子远离被霸凌的方法。

认识霸凌

霸凌（bullying）在全球范围内被关注，起源于挪威心理学家丹·奥尔韦乌斯（Dan Olweus）在20世纪70年代做的一系列研究。随后，霸凌的研究陆续扩展到英国等欧洲其他地区以及澳大利亚和北美。目前霸凌已经是全球性热点研究议题，并累积了大量研究数据。

根据美国官方调研，20%的学生被霸凌过。霸凌被定义为重复性的故意伤害。霸凌有两个特点：1. 欺凌者和被害人之间有权力的不平衡；2. 重复或潜在重复性。欺负（aggressive）和霸凌之间并没有非常清晰的界限。可以说，霸凌就是欺负行为的反复发生。本书不对欺负和霸凌做明确区分，而用"欺凌"一词统一指欺负和霸凌。

综合近年对欺凌的研究发现，欺凌行为的受害者受到的伤害是全方位且持续性的。经常遭受欺凌的孩子更容易长期表现出以下问题：自尊心低，抑郁，孤独感，睡眠质量差，头痛，尿床，社交适应困难，厌学，逃课。也就是说，欺凌对孩子的学业成绩、社交关系、自我认知和心理健康都会产生负面影响。

神经科学、神经内分泌学和遗传学的研究为以上结论提供了生理层面的证据。研究表明，大脑对霸凌的反应类似于大脑对待身体疼痛的反应，被霸凌可能导致神经内分泌应激反应失调，被霸凌的经历会在个体的生理机能中产生生物学痕迹，使其有终身心理和身体健康问题的风险。

霸凌行为在6周到18个月的婴儿、18个月到3岁的学步儿、3岁到5岁的儿童三个年龄段都可以观察到。学前的霸凌不同于争抢玩具或资源，而是持续地为了好玩伤害他人。

幼儿园的小哲手指上套了一个铅笔套，他用铅笔套四处狠戳其他孩子，看到其他孩子被戳哭的样子就会面带微笑。老师收走他的铅笔套并建议他玩其他玩具时，他大叫"不要！"3岁的小哲已经表现出了侵略性和霸凌行为，他有意戳人并对其他孩子造成了身体上的伤害，缺乏同理心。

多项研究表明，霸凌者除了对他人造成伤害，也会严重伤害自身的健康发展。参与欺凌行为的儿童更容易出现以下问题：抑郁、焦虑、行为障碍、学习成绩差、学校参与度低、面临社交排斥、友谊质量差、经历社交孤立、缺乏社会支持。持续开展霸凌行为的儿童在成年后更有可能参与犯罪行为。参与欺凌行为可能会产生长期的负面后果。既是欺凌者又是受害者的儿童面临着最大的不良结果风险，包括犯罪行为、心理健康问题和人际关系困难。

综合来看，虽然欺凌者和受害者的具体后果会因个体和环境而异，但能够达成的共识是，**当欺凌行为发生时，参与欺凌的每个人都暴露在持续终生的成长风险中**。在儿童成长的全龄段预防欺凌和被欺凌是降低这种风险的关键。全社会应该合力为儿童创造一道远离欺凌的健康防线，家长要站在这道防线的最前沿。

可以说，解码社交情境，进行坚定沟通，建立并维护高质量友谊，有效解决冲突的技能是防止欺凌的屏障。孩子每具备一项社交技能，化解欺凌的能力就更强大，从欺凌中恢复的能力也更强大。家长可以多带孩子做本书提供的练习，帮孩子铸就多重屏障。

帮孩子远离欺凌的方法

家长可以用以下方法，让孩子的健康社交防线更坚固。

1. 识别危险信号

孩子不像你想象的那么会保护自己。

有一个女孩记录了自己被霸凌的过程。

小学期间，肖敏没有朋友。小学二三年级，当她在教室被人推搡、欺负时，没人制止。

肖敏曾试着向父母求助。

有一次，肖敏轻描淡写地和父母说："我们班上有个人总被人打、被抢东西。"父母的反应是"哀其不幸，怒其不争"，并以此教育她，"落后就要挨打"。肖敏暗自想：幸好，我没说那个人是自己。

后来，又有一次，肖敏试探着告诉父母："有人拿走我的水瓶不还。"母亲的第一句回应是："你干什么了？人家为什么拿你东西？"

最后，那件事以父母出面、对方赔偿15元告终，但父母对她的质疑，令肖敏从此不再敢和他们诉说。

这最终加深了肖敏对这场校园霸凌的错觉："那时，我一直以为是自己的错。"

所有霸凌一定会经历从欺负到霸凌的发展阶段，直到霸凌被终止。12岁以前的儿童，可能不理解到底发生了什么，可能无法表达，可能被威胁不能告诉父母，可能不相信父母会帮助自己。孩子会因为各种原因未及时告知家长被欺凌的事实，所以家长需要特别留意孩子可能被欺凌的迹象，包括但不限于：

（1）衣物被撕破；

（2）对上学犹豫不决；

（3）食欲减退，做噩梦，哭泣；

（4）普遍的抑郁和焦虑；

（5）参与身体或口头冲突；

（6）与欺凌他人的朋友为伍；

（7）日益具有攻击性；

（8）经常被送到校长办公室或禁闭室；

（9）拥有无法解释的额外金钱或新物品；

（10）总将问题归咎于他人；

（11）从不承担自己的行为责任；

（12）竞争心理强，总担心自己的声誉或受欢迎程度；

（13）时不时提起谁谁谁被欺负了。

以上都是孩子可能正在经历欺凌的信号。欺凌不一定是狭义的身体受伤，除了身体上的欺凌（打、踢、绊倒等），还包括言语上的欺凌（辱骂、嘲笑等）、人际/社交上的欺凌（散布谣言和排斥）、对受害者财产的破坏，也可能是被迫加入欺凌的队伍，或目睹了严重暴力事件。

当留意到孩子有以上迹象后，家长一定要跟孩子进行开放的对话，了解清楚发生了什么，并判断事情的严重程度。

在所有霸凌中，最难以察觉的可能是网络欺凌。联合国儿童基金会《2017年世界儿童状况：数字时代的儿童》中写道："从前，受到欺凌的儿童可以通过回家和独处躲避这样的侵犯和骚扰，但如今，数字世界却没有为儿童提供这样的安全港。"2018年对13～18岁的中国青年进行的互联网使用和网络安全调查发现，70%以上的受访中国青少年曾在网络上受到欺凌。与此同时，接受调查的中国年轻人中只有不到10%表示会告诉父母。这使得网络欺凌成为一个隐蔽但非常真实的问题，被称为"看不见的拳头"。家长需要特别留意发生在网络世界的欺凌，比如在线侮辱威胁、在网上散布谣言、在网上发布令人不适的照片或视频等。

同时家长需要对孩子的电子设备做出管理。设定唯一一台设备供孩子使用，并确保你可以监控这台设备的使用情况，让孩子知道你将有权限查看他们的屏幕使用记录和信息发布。家长应该向学校报告网络欺凌事件。如果孩子确实卷入网络欺凌，那么家长应该向警方报告所有威胁性信息，并记录相关短信、电子邮件或网站上的内容。家长可以联合各方共同阻止挥向儿童的"看不见的拳头"。

2. 放弃无效沟通

有一个咨询是这样的：

女儿去年被幼儿园一个男孩打过，当时她没表现出不好的状态，我就没跟老师沟通太多。今年一开学，女儿一到幼儿园就不愿意进去，说："肚子痛，害怕。"并说男孩没打她，但经常打其他同学，老师天天教育他，他还是打人。我觉得女儿有很大心理阴影，跟老师反映后效果不太理想。后来女儿不说害怕了，但还是不想上幼儿园。是否有办法让女儿恢复阳光开心上学的状态？

我问："那么，你是怎么跟女儿聊这个问题的呢？"

妈妈说："我只能给她出个坏主意：联合全班同学一起打这个男孩，直到男孩害怕为止，他就不敢再欺负人了。"

这个妈妈的处理方式是典型的"沟通了，但是就像没沟通"。

家长面对孩子可能被霸凌的情况，会有下面几种典型的沟通方法：

（1）"**打回去呀，你凶了下次谁还敢欺负你。**"欺凌行为当然是错误的，而欺凌回去只是又增加了一次错误的欺凌事件，错加错不等于对，也不解决问题。案例里的女儿没有打回去，班里的同学们也没有联合打这个男孩子。事实上，绝大多数被欺凌的孩子都没有能力还击。期待孩子还击的要求本身就是超纲的，很可能让孩子觉得"连打回去都不会，自己真没用"，从而强化负面自我认知。"打回去呀，你凶了下次谁还敢欺负你"是一句完全无效的沟通。

（2）"**孩子怕被欺负，请老师多关注**。"多数老师放学时在校门口听到这么一句叮嘱都会说"好的，我多留意着"，然后就没了下文，因为：一是家长对问题的描述很抽象，"孩子怕被欺负"好像是问题，又不像是问题；二是所有的家长都希望老师多关注自家孩子。上面案例中的妈妈确实跟老师有沟通，但是没有说清楚问题的时间、地点、人物、孩子担心的频率和程度、问题的严重度，没有跟进老师会采取哪些措施。老师很可能不理解问题的严重程度，而把这当成一件日常琐事看待，不会专门处理。

（3）"**别怕，他不敢欺负你**。"当孩子跟家长诉说害怕时，孩子需要的不是家长对于害怕情绪的驳回。孩子需要一系列的沟通去理解：到底发生了什么，为什么会发生这样的事，谁错了，自己应该怎么做，在学校谁可以保护自己。如果这一系列的沟通缺位，说多少遍"他不敢欺负你"都显得苍白无力。

以上沟通就像围着问题绕圈圈，说来说去却没有落在任何一个可执行的行动上。家长要放弃用以上无效的沟通来处理欺凌，而是要落实到具体有效的行动上，落实到涉及欺凌事件的每一方什么时候应该做什么。

跟老师沟通时：

摆事实——女儿每天都会说"肚子痛，害怕"，不愿入园，因为害怕被这个男孩子打。女儿去年被这个男孩子打过。

定基调——这个男孩打了班里很多小孩，这是典型的欺凌，严重度很高，希望我们一起想办法。

落实行动——问清楚接下来老师会采取哪些措施来防止欺凌。

是否需要寻求园长的支援？是否需要其他家长的支援？

跟孩子沟通时：

摆正目的——跟孩子沟通的目的不是让孩子开心地去幼儿园，而是倾听孩子的声音，理解孩子的感受。不要告诉他们"别怕"，不要给孩子无法落地的建议，比如"还击"。

挑明立场——"宝贝，这不是你的错，错在打人的小朋友，爸爸妈妈和老师都会帮你，会保护你。"

落实行动——家长可以利用绘本（如《班里来了小霸王》）来帮助孩子理解欺凌的性质，说清楚接下来大人会用哪些方法保护他。

所有的沟通都指向同一个方向——用具体、有效的行动来防止欺凌继续发生，为孩子创造安全的环境。当孩子知道，没有人可以随便欺负自己时，他就有能力应对害怕的情绪。

如果跟老师沟通之后欺凌行为依然发生，可以考虑跟园长沟通，尝试联系欺凌者的家长，跟其他家长结盟，甚至换个环境。

3. 警惕关系攻击

欺凌行为中，最容易让人忽视的是关系攻击，也就是以破坏对方社会状态和社会关系为形式的伤害。偶发性的关系攻击可以用社交冲突轮盘化解，而持续的关系攻击则是一种霸凌。关系霸凌，作为霸凌的一种，会带来霸凌的所有负面影响。

不同于肢体霸凌，关系攻击不易察觉，不涉及可见的身体伤害，但会严重伤害参与人的社会关系和心理发展。不管是关系攻击中的施暴方还是受害方，都可能遭受延续终生的负面影响，加上其伤害隐秘，等成人发现并介入时，可能已经对孩子造成难以挽回的心理伤害。家长们需要对潜在的关系攻击行为提高警觉。

我的学生曾经分享过一个故事：

小学时他有一对同学是姐妹,两姐妹的智力发育稍有落后,经常被全班同学取笑。一开始有同学认为她们"脑子有病",并在所有活动中排挤她们,后来发展到造谣她俩偷钱。两姐妹最终没有上完小学就辍学了。

可能每个人记忆里都有一个曾经被排挤、被造谣的同学。这些被持续关系攻击的孩子所受到的伤害,不亚于肢体霸凌带来的伤害。

关系攻击不同于小朋友之间的单次社交冲突,不是一时的闹别扭。如果侮辱、排挤、造谣持续存在,那么需要家长的及时帮助,防止孩子被持续伤害。

曾有家长分享过女儿的故事:

小区有一对姐妹,一个6岁,一个9岁。有一次,姐妹俩对女儿说:"我不喜欢你加入。"这对姐妹不仅对自己的女儿这么说,也会对其他小孩这样说。但多数时候,这对姐妹可以跟小区的伙伴们玩耍。

这属于偶发性的排斥,家长用了冲突处理8方法,解决了孩子被排斥的冲突。

在学校,女儿有一个同学。这个同学曾经叫女儿"杂种",曾把同学校服藏在卫生间并告诉所有人是女儿藏了校服,曾多次告诉其他同学"不要和杂种玩",还写过一张"她全身都臭"的字条在全班传阅。

这位施暴孩子的所作所为不是简单地说几句坏话,而是有针对性、有目的、重复持续地伤害另一个人的社会关系和状态,就是典型的关系霸凌。

发现女儿有段时间不敢去学校后,家长立刻把情况反映给学校。校长问施暴的学生:"你为什么对她这么做?"学生最终说出"因为她和我们不一样"。女儿确实是班里唯一的混血儿,就因为这个原因,这位同学一直采用关系攻击的方式霸凌女儿。

校方约谈了施暴孩子的家长,而对方家长完全不认为这是问题,觉得"我儿子不就是说了同学几句坏话,怎么就霸凌了?你们给我儿子贴这么一个标签,算不算对我儿子的霸凌?"在校方多次努力后,施暴孩子并没有明显好转。在家长坚持不懈的沟通下,校长最终作出了劝退施暴孩子的决定,保护了无辜的受害者。女儿也重新回到每天开心去学校的状态。

如果这位家长未能随时观察孩子的情况,未能及时发现孩子在学校的遭遇,未能坚定处理并督促校方采取措施,不知道他的女儿会遭受怎样持续的欺凌。这位家长给女儿的成长筑起了牢靠的安全防线,防止女儿被任何形式的欺凌伤害。

4. 稳住自己的情绪

大数据发现,具有以下特征的孩子往往更容易成为被欺凌的对象:

(1)被认为与同龄人有显著不同,比如,超重或过瘦,戴眼镜或其他外表差异,转校生等;

(2)看上去很软弱,或无法保卫自己;

(3)抑郁,焦虑,或缺乏自信;

(4)不受欢迎,没有朋友;

(5)和他人交流不畅,普通沟通也容易被误以为是挑衅、打扰、对抗等。

发现孩子被欺凌的一刻,我想所有爱孩子的家长内心都会无比煎熬,恨不得孩子遭的罪发生在自己身上。此时,悔恨、愤怒、痛苦、愧疚、无力等复杂情绪涌上来，很容易让家长作出过激反应。但这种过激反应，很可能给孩子带来更大伤害。

大家还记得第 6 章开头提到的上门打人的那位南京家长。我想这位家长保护孩子的初心所有人都可以理解，但这颗初心却被愤怒的情绪吞噬，自己和孩子也被过激行为的后果吞噬。孩子只是额头上有 1 厘米左右的擦伤，这样的擦伤对幼儿园孩子来说较为常见，不需要特别处理，可能 3 天就可以恢复。而家长上门打人之后，孩子将面对曾被刑拘事业受重创的父亲、上门下跪的母亲、拿异样眼光看自己的同学，这么沉重的来自家庭和学校的压力，孩子该怎么承受？孩子又需要多久才能从这些压力中恢复？

发现孩子被欺凌的那一刻，我希望家长能把内心的痛苦煎熬转化为更深入冷静的思考：我如何阻止欺凌继续发生，如何防止其他的欺凌发生，这提示了家庭教育的什么问题。欺凌问题往往是系统性问题，并不容易解决，只有深入冷静的思考才能化解危机，帮助孩子从伤害中走出，这才是为孩子"计长远"的爱。

首先，家长要管理好自己的感受。保持冷静，告诉孩子"我会保护你，我会保证你的安全"，告诉孩子"被欺负不是你的错"。此时，孩子一定更需要你安慰的话语，而不是你过激的行为。

其次，意识到问题的复杂性。一次欺凌事件的参与方可能众多。如果欺凌发生在学校，那么施暴者、施暴者的家长、旁观者、老师、校长、其他家长可能都是你能够影响的对象，甚至可能还涉及警方。你可能需要跟不同的人进行沟通，还原事件全貌，判断事件的重要度，呼吁其他家长，积极联系学校。你需要动员一切可以动员的力量，来确保孩子接下来的环境是安全的。受到伤害后，孩子没有其他人可以依靠，能依靠的只有你。你必须冷静地做孩子坚强的后盾。

最后，与学校工作人员交谈时控制自己的情绪。上学之后，学校是孩子主要的社交场所，也是欺凌的高发地点。家长很容易把孩子受欺凌迁怒于学校，觉得是学校和老师监管不力，必须负责。这么想有一定道理，但是过于极端。事实是，没有人可以完全保证孩子不受到任何伤害。欺凌事件是系统性问题的警示器，提示家庭教育、学校教育，或者社区安全某方面出了问题。家长、学校、社区，所有人都是解决问题的统一战线。

我想没有学校愿意见到任何一位学生受到伤害。如果家长能采取"我们一起想办法"，以合作共赢的心态面对老师和学校，就更能调动一切力量，把孩子的安全防线做大做强。

在极端情况下，家长可能会遇到失职的老师、不负责的学校，那么家长可以调大音量，提醒他们：《未成年人保护法》赋予学生在安全环境中学习的合法权利，如果涉及人身威胁，我会请求执法部门的帮助。如果欺凌行为严重或持续存在，并且学校没有作出回应，那么家长可以把孩子从不安全的环境中转移出来。

以下两个练习可以帮助孩子学会远离欺凌。

小练习1： 在线安全锦囊

这个游戏帮孩子学习如何安全上网。

游戏可以以一个互动场景引入：一个黑客组织发现××市××学校的学生上网习惯不好，不会在网络上保护自己。黑客组织打算向这个学校的学生下手，盗取他们的个人信息开展诈骗，并发布谣言开展攻击。只有帮助学生们学会安全上网，才能阻止黑客。绿色上网组织已经向你发出求助信息，请你列出安全上网的方法。你找到的方法越多，就越有希望拯救全校学生。接下来，你可以通过浏览网站、观看视频、请教他人等方法完成这个任务。

家长可以在游戏中提供资源，比如相关网站、书籍或视频等，帮助孩子顺利开展游戏。

孩子们将通过多种方法发现以下安全上网知识：

1. 注重个人隐私。不要在互联网上泄露个人信息，包括姓名、地址、电话号码、学校和照片等。

2. 创建强密码。创建包括字母、数字和特殊字符的组合密码，密码要保密并定期更换。

3. 安全浏览网页。使用安全的浏览器（QQ、Explorer、火狐、Safari等）。

4. 社交媒体安全。在微信和QQ等社交媒体上设置好隐私，个人信息仅好友可见，不要共享自己的地点，避免添加陌生人为好友。

5. 意识网络风险。我们需要认识并避免网络欺凌、诈骗、虚假信息和不适当内容等网络风险。

6. 不点击可疑链接。不要点击来自陌生人或不信任来源的链接，避免下载未经验证的软件或文件，以防止恶意软件病毒感染和个人信息被窃取。

7. 与家长保持沟通。在上网前应该与家长或监护人进行沟通，并获得他们的许可和指导。

8. 选择安全的网站和应用程序。只使用家长或学校许可的安全的网站和应用程序，比如学习平台等。

9. 遵守网络礼仪。在网上尊重他人，不要欺负、嘲笑、侮辱他人，不在网络上造谣、传谣。

10. 及时报告不适当的内容或行为。如果看到令人感到不安的内容或行为,及时向家长、老师或其他信任的成人报告。

11. 管理上网时间。对于每天的屏幕时间规定一个上限,以保证自己有充足的时间参与其他活动,如户外运动、阅读和社交互动。

小练习2: 21 世纪世界公民游戏卡

"21 世纪世界公民"指的是遵纪守法、正义友善的公民,会保护自己,也会积极助人。

这些游戏卡片可以启发孩子思考和讨论如何做 21 世纪世界公民,培养他们的责任感和良好的行为习惯,防止他们陷入欺凌或被欺凌的行为。

情景卡片:

1. 你看到班里一个同学偷偷把别人的笔记本扔到垃圾桶里,你应该怎么做?

2. 如果有人诬陷我,我告诉老师,老师不相信我,我该怎么办?

3. 你在网上遇到一个陌生人向你要求分享个人信息,你会怎么做?

4. 你的朋友给你分享了一张照片,你应该如何确保不违反他人的隐私?

5. 你在在线游戏中遇到了一位总是打打杀杀的玩家，你应该如何应对？

6. 你听到有人在班里散布某个同学的谣言，你该怎么办？

问题卡片：

1. 你认为在社交媒体上分享个人信息的风险是什么？
2. 你应该如何评估一个应用程序是否安全？
3. 你认为是否可以在社交媒体上发布自己的照片？
4. 怎样判断一个在线消息或视频是否可信？

行动卡片：

1. 为你喜欢的社交媒体账号撰写一条正面评价。
2. 和家人一起制定一个互联网使用规则，确保安全和健康的在线体验。
3. 描述你特别感激的一个朋友，分享他是怎么帮你的。
4. 描述一个网络诈骗案例，讨论如何避免成为网络诈骗的受害者。

图书在版编目（CIP）数据

社交这门课，只能父母教 / 唐雯著. -- 沈阳：万卷出版有限责任公司，2024.2
ISBN 978-7-5470-6424-5

Ⅰ.①社… Ⅱ.①唐… Ⅲ.①心理交往–儿童教育–家庭教育 Ⅳ.①G782

中国国家版本馆CIP数据核字(2023)第240852号

出版发行：北方联合出版传媒（集团）股份有限公司
　　　　　万卷出版有限责任公司
　　　　　（地址：沈阳市和平区十一纬路29号　邮编：110003）
印 刷 者：天津鑫旭阳印刷有限公司
经 销 者：全国新华书店
幅面尺寸：145mm×210mm
字　　数：175千字
印　　张：7
出版时间：2024年2月第1版
印刷时间：2024年2月第1次印刷
责任编辑：高　爽
责任校对：张　莹
装帧设计：八牛书装设计
ISBN 978-7-5470-6424-5
定　　价：39.80元
联系电话：024-23284090
传　　真：024-23284448

常年法律顾问：王　伟　版权所有　侵权必究　举报电话：024-23284090
如有印装质量问题，请与印刷厂联系。联系电话：010-69599058